KB179368

미국의 문화

자유와 평등한 삶을 추구하는
미국의 사회 제도

미국 ⑨

세계통찰

★ 세계의 중심이 된 미국 3 ★

미국의 문화

자유와 평등한 삶을 추구하는
미국의 사회 제도

한솔교육연구모임 지음

솔과나무

1장 자본주의의 본고장 미국에서 일어난 **사회주의** • 021

모두가 평등한 사회를 위해_사회주의 운동의 시작 | 미국 사회주의의 선구자, 유
진 데브스 | 미국의 자본주의에 회의를 느껴 소련으로 떠난 사람들 | 소련과 미국
의 첩보 전쟁 | 냉전의 희생양, 로젠버그 부부 간첩 사건 | 반공산주의 선동 정치,
매카시즘 | 최악의 빈부 격차로 빛이 바랜 아메리칸드림 | "자본주의는 망했다"
민주적 사회주의자, 버니 샌더스 | 미국을 강타한 미국식 사회민주주의 열풍 | 사
회적 약자 편에 선 샌더스의 도전 | 세상의 변화를 원하는 평범한 사람들의 힘_
풀뿌리 민주주의의 실현

왜 미국을
읽어야 할까요?

〈세계통찰〉 시리즈는 다양한 독자에게 세계를 통찰하는 지식과 교양을 전해 주고자 합니다. 미국을 시작으로 중국, 일본, 중남미, 유럽, 아시아, 아프리카 등 오대양 육대주의 주요 국가들에 관한 정치, 경제, 역사, 문화 등 다양한 정보를 제공하여 세상이 움직이는 원리를 독자 스스로 알게끔 하고자 합니다.

지구상에 있는 국가들은 별개가 아니라 서로 연결된 유기체입니다. 여러 나라 가운데 〈세계통찰〉 시리즈에서 미국 편 전 16권을 먼저 출간하는 이유는 유기적인 세계에서 미국이 지닌 특별한 지위 때문입니다. 19세기까지 세계를 호령하던 대영제국의 패권을 이어받은 미국은 20세기 이후 오늘날까지 세계 유일의 초강대국으로 세계를 이끌고 있습니다. 또한 세계 최강의 경제력을 기반으로 자유 시장을 중시하는 자본주의 이념을 전 세계에 전파했습니다. 우리나라를 포함하여 많은 나라가 세계 최대 시장인 미국과 한 무역을 통해 가난을 딛고 경제 성장을 이룰 수 있었습니다. 애플이나 구글 같은 미국 기업이 새로운 산업을 일으키면서 미국은 물론, 전 세계에 수많은 일자리와 자본력을 제공했습니다.

이처럼 전 세계에 커다란 영향을 미치고 있는 미국이라는 나라를 알기 위해 '미국의 대통령'을 시작으로 한 '미국을 만든 사람들' 편을 소개합니다. 대통령제를 기반으로 한 미국식 민주주의는 전 세계로 전파되면서 수많은 국가에 영향을 미치고 있습니다. 제2차 세계대전 이후 독립한 국가 대부분이 대통령제를 선택하면서 대통령제는 미국을 넘어 많은 국가의 정치 체제로 자리 잡았습니다. 도전 정신과 혁신을 바탕으로 미국 경제를 세계 최강으로 만든 '기업인들' 역시 우리에게 많은 교훈을 줍니다. 세계인의 감성과 지성을 자극하고 있는 '예술인과 지식인'도 이야기의 대상입니다. '사회 문화' 편에서는 미국의 문화를 통해 미국만이 가진 특성을 살펴봅니다. 창의와 자유를 존중하는 사회 분위기는 할리우드 영화, 청바지, 콜라 등 미국만의 문화를 탄생시켰고 이는 전 세계로 확산되어 지구촌의 문화로 자리 잡았습니다. 이제 미국의 문화는 미국인만 누리는 것이 아니라 세계인이 공유하는 것이 되었습니다. '산업' 편에서는 정보 통신, 우주 항공, 에너지, 유통 등 미국의 주력 산업을 통해 오늘날 미국이 세계 경제를 주무르고 있는 비결과 미래에도 미국이 변함없이 강력한 영향력을 행사할 수 있는 이유에 대해 알아봅니다.

'전쟁' 편에서는 미국이 참전한 전쟁을 통해 전쟁이 미국은 물론 세계에 미친 영향에 대해 살펴봅니다. 미국은 전쟁으로 독립을 쟁취했을 뿐만 아니라 세계를 움직이는 새로운 질서를 만들어 냈습니다. 다시 말해 전쟁은 미국이 세계를 뜻대로 움직이는 도구였습니다.

이처럼 미국의 정치, 경제, 문화 등 각 분야는 20세기 이후 지구촌에 막대한 영향을 미치고 있기에 미국에 관한 지식이 없으면 세계를 제대로 이해할 수 없습니다. 미국을 제대로 알게 된다면 세상이 돌아가는 힘의 원리를 더 잘 알 수 있습니다. 〈세계통찰〉 시리즈 미국 편은 '미국을 만든 사람들' 전 6권, '세계의 중심이 된 미국(문화와 산업)' 전 6권, '전쟁으로 일어선 미국' 전 4권으로 이루어져 있습니다. 이렇게 총 16권의 인물, 사회·문화, 산업, 전쟁 등 주요 분야를 다루면서 단편적인 지식의 나열이 아니라 미국의 진면목, 나아가 세계의 흐름을 알 수 있도록 했습니다. 적지 않은 분량이지만 정치, 경제, 문화사에 남을 인물과 역사에 기록될 사건을 중심으로 다양한 예화와 사례를 들어 가면서 쉽고 재미있게 썼습니다. 처음부터 끝까지 차분히 읽다 보면 누구나 미국과 세계의 과거와 현재, 미래를 명확하게 들여다볼 수 있는 통찰력을 지닐 수 있습니다.

　세계를 한눈에 꿰뚫어 보는 〈세계통찰〉 시리즈! 길고도 흥미진진한 이 여행에서 처음 만나게 될 나라는 미국입니다. 두근거리는 마음으로 함께 출발해 봅시다!

한솔(한솔교육연구모임 대표)

세상의 변화를 읽고
앞을 내다보는 힘

미래학자 엘빈 토플러는 "한국 학생들은 하루 10시간 이상을 학교와 학원에서 자신들이 살아갈 미래에 필요하지 않을 지식을 배우고, 존재하지 않을 직업을 위해 아까운 시간을 허비하고 있다."라고 했습니다. 그렇다면 우리는 무엇을 배우고 생각해야 할까요? 수년 안에 지구촌은 큰 위기를 맞이할 가능성이 큽니다. 위기는 역사적으로 늘 존재했지만, 앞으로 닥칠 상황은 미국과 중국의 패권 전쟁의 상황에서 과거와는 차원이 다른 큰 변화가 일어날 것입니다. 2018년 기준 중국은 미국의 66% 수준의 경제력을 보입니다. 구매력 기준 GDP는 중국이 이미 2014년 1위에 올라섰습니다. 세계 최강의 지위를 위협받은 미국은 트럼프 집권 이후 중국에 무역 전쟁이란 이름으로 공격을 시작했습니다. 미국과 중국의 무역 전쟁은 단순히 무역 문제로만은 볼 수 없는 정치, 사회, 경제, 문화가 엮여 있는 총체적 전쟁입니다. 미국과 중국의 앞날을 예측하기 위해서는 경제 분야 외에 정치, 사회, 문화 등을 통합적으로 볼 수 있어야 합니다. 역사는 리듬에 따라 움직입니다. 현재와 비슷한 문제가 과거에 어떤 식으로 일어났는지를 알면 미래를 읽는 통찰력이 생깁니다. 지나온 역사를 통해 세상의 변화를 읽고 앞을 내다보는 힘을 길러야 합니다. 역사를 통해서 남이 보지 못하는 곳을 보고, 다른 사람과 다르게 생각하는 힘을 길러야 합니다.

〈세계통찰〉은 이러한 필요에 따라 세계 주요 국가의 역사, 경제, 사회, 문화 등 다양한 주제를 통해 세계를 이해하는 안목을 심어 주고자 쓰인 책입니다. 솔과나무 출판사는 오대양 육대주에 걸쳐 있는 중요한 나라를 대부분 다루자는 계획 아래 먼저 미국과 중국에 대한 책을 출간합니다. 이는 오늘날 미국과 중국이 정치, 경제, 문화 등 모든 분야를 선도하며 전 세계에 막대한 영향을 미치고 있는 초강대국이기 때문입니다. 〈세계통찰〉 시리즈는 미국과 중국 세계 양 강 대결의 상황에서 미·중 전쟁의 미래를 예측할 수 있는 훌륭한 나침반이 될 수 있습니다.

특히 미국은 정치, 경제, 문화 등 어느 분야로 보아도 세계인의 관심을 가장 많이 받는 나라입니다. 〈세계통찰〉 시리즈 '미국'은 정치, 경제, 사회, 문화 모든 분야에 걸쳐서 시간과 공간을 넘나들며 현재의 미국을 이해할 수 있게 만든 획기적인 시리즈입니다. 인물, 산업, 문화, 전쟁 등의 키워드로 살펴보면서 미국의 역사와 문화, 각국과의 상호 관계를 파악할 수 있는 지식과 읽을거리를 제공합니다. 인물과 사건을 중심으로 이야기를 이어가고 그 과정에서 우리가 오늘날 세상을 살아갈 때 활용할 수 있는 지혜를 담고 있습니다. 단순히 사실 나열에 그치지 않고, 왜 그렇게 되었는지, 그 뒤에는 어떻게 되었는지, 과정과 흐름 속에서 숨은 의미를 찾아냄으로써 유연하고 창의적인 생각을 할 수 있도록 자극합니다. 무엇보다 〈세계통찰〉 시리즈에는 많은 이들의 실패와 성공의 경험이 담겨 있습니다. 앞서 걸은 이들의 발자취를 통해서만 우리는 세상을 보는 통찰력을 키울 수 있다는 사실을 기억했으면 합니다. 미국을 자세히 들여다보면 지구촌 사람들의 모습을 다 알 수 있다고도 합니다. 세계를 이끌어가는 미국을 이해한다는 것은 단순히 한 나라를 아는 것이 아니라 세계를 이해하는 것이기 때문에 〈세계통찰〉 시리즈 미국 편을 통해 모두가 미국에 대해 입체적이고 통합적으로 살펴볼 수 있는 기회를 얻기 바랍니다.

곽석희(청운대학교 융합경영학부 교수)

〈세계통찰〉 시리즈에
부쳐

4차 산업 혁명 시대를 맞이하는 청소년에게 꼭 필요한 지혜

4차 산업 혁명 시대에는 나라 사이의 언어적, 지리적 장벽이 허물어집니다. 견고한 벽이 무너지는 대신 개인과 개인을 잇는 **촘촘한 연결망이 더욱 진화합니다.** 이제 우리는 다양한 문화 배경을 지닌 친구와 이전과는 완전히 다른 방법으로 우정을 나눌 수 있습니다. 낯선 언어는 더는 장애가 되지 않습니다. 스마트폰의 번역 프로그램을 이용하면 내가 한 말을 실시간으로 전달할 수 있고 상대방의 말뜻을 이해할 수도 있습니다. 또 초고속 무선 통신망을 이용해 교류하는 동안 지식이 풍부해져서 앞으로 내가 나아갈 길을 설계하는 데 큰 도움이 됩니다.

저는 오랫동안 현장에서 청소년을 만나며 교육의 방향성을 고민해 왔습니다. 초 단위로 변하는 세상을 바라보면 속도에 대한 가르침을 줘야 할 것 같고, 구글 등 인터넷상에 넘쳐 나는 정보를 보면 그것에 대한 양적인 교육이 필요할 것 같았습니다. 긴 고민 끝에 저는 시대가 변해도 퇴색하지 않는 보편적 가치와 철학을 청소년에게 심어 줘야겠다는 결론을 내렸습니다.

4차 산업 혁명 시대에는 인공 지능과 인간이 공존합니다. 최첨단 과학이 일상이 되는 세상에서 75억 지구인이 조화롭게 살아가려면 인간 중심의 교육이 필요합니다. 인문학적 지식과 소양을 통해 인간을 더욱 이해하고 이롭게 만드는 시각을 갖춰야 합니다. 〈세계통찰〉 시리즈는 미래를 이끌어 나갈 청소년을 위한 지식뿐 아니라 그 지식을 응용하여 삶에 적용하는 지혜까지 제공하는 지식 정보 교양서입니다.

청소년이 이 책을 반드시 접해야 하는 이유

첫째, 사고의 틀을 확대해 주는 책입니다.

〈세계통찰〉 시리즈는 정치, 경제, 사회, 문화, 무역, 외교, 전쟁, 인물에 이르기까지 하나의 국가가 국가로서 존재하고 영유하는 모든 것을 다루고 있습니다. 한 국가를 이야기할 때 경제나 사회의 영역을 충분히 이해했다 해도 '이 나라는 이런 나라다.' 하고 한마디로 정의하기는 어렵습니다. 인물이나 역사적 사건과 같은 눈에 보이는 사실과 이념, 사고, 철학과 같은 눈에 보이지 않는 특성까지 좀 더 유기적이고 종합적인 사고를 해야 한 나라를 이해하고 정의할 수 있습니다. 이 책을 통해 합리적이고 논리적으로 사고하는 습관을 자연스럽게

기를 수 있습니다.

둘째, 글로벌 리더를 위한 최적의 교양서입니다.

4차 산업 혁명 시대라 하더라도 모든 나라가 해체되는 것은 아닙니다. 세계화 속도가 점점 가속화되는 글로벌 시대에 꼭 필요한 소양은 역설적이게도 각 나라에 대한 수준 높은 정보입니다. 일반적으로 알려진 상식의 폭을 확대할 수 있어야 합니다. 미국과 중국의 무역 분쟁이나 우리나라와 일본의 갈등에서도 볼 수 있듯 세계 곳곳에는 국가 사이의 특수한 사정과 역사로 인해 각종 사건과 사고가 터져 나오고 있습니다. 한 국가의 성장과 번영은 자국의 힘과 노력만으로는 가능하지 않습니다. 가깝고 먼 나라와의 유기적인 관계 속에서 평화를 지키고 때로는 힘을 겨루면서 이루어집니다. 한편 G1, G2라 불리는 경제 대국, 유럽 연합EU이나 아세안ASEAN 같은 정부 단위 협력 기구 사이에 일어나는 상호 이해관계도 중요해지고 있습니다. 〈세계통찰〉 시리즈는 미국, 중국, 일본, 아세안, 유럽 연합, 중남미 등 지구촌 모든 대륙과 주요 국가를 공부하는 데 반드시 필요한 영역을 씨실과 날실로 엮어서 구성하고 있습니다.

마지막으로 〈세계통찰〉 시리즈는 글쓰기, 토론, 자기 주도 학습, 공동 학습에 최적화된 가이드 북입니다.

저는 30년 이상 교육 현장에 있으면서 토론, 그중에서도 대립 토론debating 수업을 강조해 왔습니다. 학생 스스로 자료를 찾고 분류하며 자신만의 생각을 정리하고 발표하는 방식입니다. 이때 다른 사람의 생각을 경청하고 공감하는 학생일수록 주도적이고도 창의적인 인재로 성장하는 것을 보았습니다. 〈세계통찰〉 시리즈가 보여 주는 형식과 내용은 학생과 교사 모두에게 긍정적인 영향을 줄 것이라고 확신합니다.

가까운 미래에 글로벌 리더로서 우뚝 설 우리 청소년에게 힘찬 응원의 메시지를 보냅니다.

박보영 (교육학 박사, 박보영 토론학교 교장, 한국대립토론협회 부회장)

자본주의의 본고장 미국에서 일어난

사회주의

모두가 평등한 사회를 위해_사회주의 운동의 시작

18세기 후반 영국에서 시작된 산업혁명은 인류의 삶에 큰 영향을 끼쳤습니다. 산업혁명 이전까지만 하더라도 인류는 생산 부족 문제를 해결할 수 없어 절대 빈곤에서 벗어나지 못했습니다. 그런데 산업혁명을 계기로 거대한 공장이 생겨나고, 기계를 이용한 효율적인 생산이 가능해지면서 인류는 처음으로 절대 빈곤 상태에서 벗어날 수 있었습니다.

이후 인류가 맞닥뜨린 것은 모두가 골고루 잘사는 사회가 아니라, 극소수가 산업화의 결실을 독점하는 극심한 상대적 빈곤이었습니다. 이는 거대한 공장을 소유한 자본가가 이익을 노동자와 함께 나누려고 하지 않았기 때문에 일어난 현상이었습니다. 온종일 일해도 입에 풀칠조차 하기 힘들 만큼 적은 돈을 벌었던 노동자에게 매장 진열대에 놓인 상품은 그림의 떡이나 다름없었습니다.

인류가 지금까지 경험해 보지 못한 물질적 풍요 속에서 굶주리는 사람이 속출하자 이를 해결하기 위해 유럽을 중심으로 사회주의 운동이 일어났습니다. 독일의 철학자 카를 마르크스Karl Marx는 사회의 절

과학적 사회주의 이론을 선보인 카를 마르크스

대다수가 혁명을 일으켜 소수의 자본가를 제거하고 공장이나 토지 같은 생산 수단을 공유화하자는 사회주의 혁명을 주장하며 많은 사람의 공감을 얻었습니다.

마르크스는 자본주의가 고도로 발달하면 사회는 극소수 부자와 절대다수의 빈자로 확연히 구분되기 때문에 영국 같은 고도의 자본주의 국가에서 사회주의 혁명이 일어날 것이라고 예언했습니다. 하지만 사회주의 혁명이 일어난 것은 영국이나 독일 같은 유럽의 선진 산업 국가가 아니라 후진 농업국 러시아였습니다.

1917년 블라디미르 레닌Vladimir Lenin과 뜻을 함께한 사회주의자들은 황제 니콜라이 2세Nicholas II를 폐위하고 인류 역사상 최초로 사회주의 국가 소련소비에트 사회주의 공화국 연방을 탄생시켰습니다. 마르크스의 이론을 따른 레닌은 자본가, 귀족, 지식인 등 오랫동안 기득권으로 군림해 온 지배 계층을 숙청하고 그동안 핍박 속에 시달린 노동자와 농민을 즐겁게 만들었습니다. 또한 토지와 공장 등 소련 내 생산 시설을 국유화하며 공동 생산, 공동 분배라는 사회주의 이념을 따르는 나라를 만들고자 했습니다.

소련의 사회주의 정권은 국가 경제 전반을 장악하고 모든 경제 활동이 정부의 계획에 따라 이루어지도록 했습니다. 소련이 등장한 이후에는 러시아에서 가난이 완전히 사라지지는 않았지만 노동자와 농민의 삶은 황제가 다스리던 시절보다는 나아졌습니다.

시간이 지나면서 공산당 간부가 새로운 지배층으로 국민 위에 군림하면서 '모두가 평등하다.'라는 사회주의 이념이 훼손되기도 했지만 초창기 사회주의 소련은 나름대로

세계 최초로 사회주의 국가를 세운
블라디미르 레닌

평등한 사회였습니다. 정부가 적극적으로 굶주림 해결에 나서면서 굶어 죽는 사람도 이전보다 크게 줄어들고 의료 혜택을 받지 못하는 사람도 줄어들었습니다.

미국 사회주의의 선구자, 유진 데브스

1917년 소련이 등장하기 이전부터 미국에는 자생적인 사회주의자가 존재했습니다. 노동자, 지식인, 학생 등 다양한 사람들이 마르크스의 사상에 매료되어 미국에 사회주의를 도입하기 위해 노력했습니다. 특히 유진 데브스_Eugene Debs_는 오늘날에도 많은 사람의 존경을 받을 정도로 저명한 사회주의자였습니다.

1855년 인디애나주의 유복한 집안에서 태어난 데브스는 고등학교를 중퇴하고 철도 회사에 취업해 기차 청소부로 사회에 첫발을 내

미국 사회주의 선구자, 유진 데브스

디뎠습니다. 이후 노동자의 열악한 현실을 몸소 체험한 데브스는 근로자의 권익 보호에 앞장섰습니다. 1894년 데브스는 철도 노동자들을 규합해 근로 조건 개선을 위한 대규모 파업을 주도했습니다. 그러나 자본가 편에 선 정부는 군대까지 동원해 파업을 탄압했습니다. 실정법을 어긴 죄로 징역형을 받게 된 데브스는 감옥에서 사회주의 책을 접한 것을 계기로 사회주의자가 되었습니다. 1897년 그는 미국 사회민주주의당을 창당해 본격적인 사회주의 운동을 전개했고, 사회주의를 대표하는 후보로서 다섯 차례에 걸쳐 대통령 선거에 출마했습니다.

1900년 처음 대선에 나섰을 때는 득표율이 0.6%에 불과했지만 1912년 대선에서는 6%에 이르는 적지 않은 지지를 받았습니다. 데브스가 연설하는 곳마다 노동자들이 구름 떼처럼 모여들었습니다. 그는 미국 사회주의를 대표하는 인물로서 노동 운동뿐 아니라 반전 평화 운동에도 앞장섰습니다.

1914년 제1차 세계대전이 일어나 전 세계가 전쟁의 소용돌이에 휩쓸렸을 때 미국은 전쟁과 거리를 두었습니다. 시간이 흐르면서 돈벌이에 혈안이 된 자본가를 중심으로 참전 여론이 형성되자 데브스는 전국을 돌아다니며 참전을 반대하는 연설을 하다가 체포되기도 했습니다. 그는 소요죄* 혐의로 징역 10년 형을 선고받았지만 끝까지 뜻을 굽히지 않았습니다. 참전은 자본가와 결탁한 정치인들이 결정하지만 전쟁터에 나가 실제로 싸우고 목숨을 잃는 사람은 돈 없고 힘없는 청년들이기 때문에 그는 전쟁

유진 데브스를 풀어 준 워런 하딩 대통령

을 불공평하고 사악한 행위로 생각해 끝까지 반대했습니다.

감옥에서도 뜻을 굽히지 않았던 데브스는 1920년 옥중에 있으면서 대선에 출마해 3.4%의 지지율을 얻기도 했습니다. 1921년 미국 제29대 대통령 워런 하딩은 데브스가 수감 생활로 건강을 잃게 되자 더는 기득권층에 위협이 되지 않는다고 판단해 그를 석방했습니다. 이후 데브스는 요양원을 전전하며 재기를 꿈꾸었지만 1926년 향년 70세의 나이로 병사하면서 미국 사회주의의 큰 별이 사라졌습니다.

데브스가 죽은 뒤에도 사회주의 운동이 계속되었지만 그가 살아 있을 때만큼 활성화되지는 못했습니다. 유럽을 비롯해 아시아, 남미 등 세계에 사회주의 열풍이 몰아칠 때도 미국에서는 사회주의 세력이 큰 힘을 발휘하지 못했습니다. 개인주의를 중시하는 전통이 미국

---

* 폭력을 사용해 공공질서를 침해하는 범죄

인의 마음속에 큰 영향을 미쳤기 때문입니다.

과거 영국의 간섭이 심해지자 목숨을 걸고 독립 혁명을 일으켰던 미국인들은 정부의 개입을 탐탁지 않게 생각했습니다. 노동자 권리 보호, 의료 서비스 제공, 실업자 구제, 저소득층 생계 지원 등 사회주의적 요소를 도입해 복지 제도를 확충할 경우 이에 비례해 정부의 역할이 커질 수밖에 없는데 국민은 이를 꺼렸습니다. 또한 미국에서는 누구든지 노력만 하면 성공을 이룰 수 있다는 아메리칸드림 역시 사회주의가 퍼지는 것을 막았습니다.

석유 왕 존 록펠러, 자동차 왕 헨리 포드, 강철 왕 앤드루 카네기 등 수많은 미국인이 무일푼에서 큰 부를 이루었습니다. 이를 지켜본 사람은 언젠가는 자신도 아메리칸드림을 이룰 수 있다는 희망을 품었습니다. 미국 국민은 정부가 생산 수단을 국유화하고 국민 경제에 일일이 간섭하는 사회주의는 성공할 기회를 빼앗는 것이나 다름없다고 생각했습니다. 이를 두고 사회주의 이론의 대가 마르크스는 "미국인 대부분은 성공이 보장되는 평등한 세상에 산다는 확신이 있다."라고 말하며 아메리칸드림이 널리 퍼진 미국에서 사회주의가 성공하지 못할 것임을 예언했습니다.

미국의 자본주의에 회의를 느껴 소련으로 떠난 사람들

1929년 월스트리트의 주식 폭락 사태와 함께 시작된 경제 대공황은 미국식 자본주의에 대한 회의감과 불안감을 불러왔습니다. 경제 대공황은 극단적인 소득 양극화의 산물입니다. 공장의 창고마다 생산된 제품이 가득 쌓여 있었지만 저임금에 시달리던 노동자들은 돈이 없어 소비 활동에 참여할 수 없었습니다. 이에 생활고에 시달리던 서민들은 정부가 경제 운영에 적극적으로 개입해 시장의 힘만으로는 풀어낼 수 없는 많은 문제를 해결해 주기를 원했습니다.

이때 사회주의 성향의 정치인 휴이 피어스 롱Huey Pierce Long이 '부를 공유하자.'라는 사회주의 냄새가 물씬 나는 구호를 들고 나와 서민의 마음을 사로잡았습니다. 그는 자본주의 자체를 부정하지는 않았지만 대기업과 부자를 상대로 막대한 세금을 거두어들여 빈곤층에게 매년 5,000달러씩 지원하겠다고 주장했습니다. 이는 자본주의 색채가 강한 미국에서는 상상조차 할 수 없는 공약이었습니다. 휴이 피어스 롱이 사회주의 색채가 짙은 급진적인 정책을 내세우자 이를 혐오한 반대 세력이 1935년 그를 살해했습니다. 가난한 사람들에게 꿈을 주었던 휴이 피어스 롱이 42살이라는 젊은 나이에 세상을 떠나자 장례식장에는 10만 명 이상의 사람이 모여 그의 죽음을 슬퍼했습니다.

경제 대공황이 심해질수록 미국식 자본주의에 대해 회의를 느끼는 사람이 많아졌고,

급진적인 사회주의 정책을 내세우다가 살해된
휴이 피어스 롱

이들은 사회주의 국가 소련에 대한 막연한 환상을 갖게 되었습니다. 1930년대까지만 하더라도 미국과 소련의 관계가 최악은 아니었기에 미국인 10만 명이 소련 대사관으로 찾아가 이민을 신청했습니다. 이들 모두가 소련으로 가지는 못했지만 적지 않은 수의 미국인이 사회주의 종주국인 소련으로 이주해 자본주의의 삶과 결별했습니다.

미국 사람 중에는 사회주의 국가인 소련을 이용해 성공을 거둔 사람도 있었는데, 대표적인 인물이 바로 아먼드 해머Armand Hammer 입니다. 사회주의자인 아버지의 영향으로 일찍 사회주의에 눈뜬 해머는 1921년 23세라는 젊은 나이에 소련의 모스크바를 방문해 국가 지도자 레닌과 만나는 기회를 잡았습니다. 레닌은 농업 후진국이었던 소련을 발전시키기 위해 애썼지만 산업화를 성공시킬 비결이 없어 고전을 면치 못하고 있었습니다.

미국에서 2센트에 불과한 연필 한 자루가 소련에서는 20배 이상

소련과 한 물물 교환으로
큰 성공을 거둔
아먼드 해머

의 가격에 거래될 정도로 소련의 생활필수품 사정은 좋지 않았습니다. 해머는 소련에 넘쳐 나는 광물, 모피, 캐비아* 등을 미국으로 수입하고 그 대가로 소련이 필요로 하는 생활필수품을 공급했습니다. 그는 물물 교환을 통해 막대한 돈을 벌어들였고, 한 걸음 더 나아가 미국 기업의 소련 진출을 도왔습니다. 30여 개의 미국 대기업이 소련에 진출해 현지 공장을 세우고 제품을 생산한 덕분에 소련의 생활필수품 부족 현상은 크게 완화되었습니다.

소련과 미국의 첩보 전쟁

제2차 세계대전 이후 사회주의 국가인 소련이 팽창주의 정책을 펼치자 미국과 소련 사이에는 팽팽한 긴장감이 고조되었습니다. 양국은 국제 사회에서 주도권을 잡기 위해 한 치의 양보도 없는 치열한 경쟁을 벌였고, 그 연장선에서 사활을 건 첩보전이 펼쳐졌습니다. 첩보 전쟁에서 먼저 유리한 고지에 오른 나라는 소련이었습니다.

국민의 일거수일투족을 모두 감시하는 통제 국가인 소련에서 미국의 스파이가 활동할 수 있는 공간은 별로 없었습니다. 미국이 얻을 수 있는 정보는 기껏해야 소련 주재 미국 대사관에 상주하는 외교관이 보내온 자료를 분석하는 수준에 그쳤습니다. 반면에 소련은 여러 민족이 뒤섞여 사는 이민자의 나라이자 개인의 자유가 최대한 보장

---

* 철갑상어 알을 소금에 절인 식품

된 미국 사회 곳곳에 스파이를 침투시켜 원하는 정보를 마음껏 빼내었습니다.

소련이 미국과 벌인 스파이 전쟁에서 앞서는 데 큰 역할을 한 단체가 미국 공산당입니다. 1919년 찰스 루덴버그Charles Ruthenberg가 뜻을 함께하는 사람들과 함께 창당한 미국 공산당은 점차 세력을 넓혀 짧은 기간에 무시할 수 없는 세력으로 성장했습니다. 1930년대 미국의 지식인 상당수가 사회주의에 매료되어 공산당원이 되었고, 소련의 첩자 역할을 자임했습니다. 그 대표적인 인물이 바로 미국 국무부 고위 관료 앨저 히스Alger Hiss입니다.

히스는 하버드 대학 출신의 촉망받는 엘리트 관료였지만, 그에게 있어 충성의 대상은 미국이 아니라 소련이었습니다. 학창 시절부터 자본주의에 회의감을 가졌던 히스는 미국을 사라져야 할 악의 소굴

미국 대통령 측근이 되어 역사를 바꾼 앨저 히스

로 보았고 소련을 지상 천국으로 생각했습니다. 국가 기밀을 소련에 건네주기 위해 국무부에 들어간 히스는 출중한 능력으로 초고속 승진을 거듭해 이른 나이에 요직에 올랐습니다. 국무부 고위직에 오른 히스는 '알레스_{ALES}'라는 암호를 사용하여 지속해서 소련에 일급 국가 기밀을 넘겼습니다.

1945년 초, 미국과 소련은 제2차 세계대전 당시 연합국으로 나치 독일과 벌인 전쟁에서 승리를 목전에 둔 상태에서 동유럽 지배권을 두고 서로 맞서게 되었습니다. 미국은 동유럽이 나치 독일의 점령에서 해방된 이후, 그곳에 자유 민주주의 체제가 들어서기를 원했습니다. 만약 동유럽이 소련으로 넘어간다면 이를 시작으로 유럽 전역이 사회주의로 물드는 이른바 도미노 현상이 발생할 것을 우려했기 때문입니다. 반면에 소련은 동유럽이 사회주의 국가로 거듭나기를 바랐습니다. 동유럽 국가에 친미 정권이 들어서면 소련은 꼼짝없이 자본주의 국가들로 둘러싸이게 될 것이었기 때문입니다.

양국이 양보 없는 첨예한 대립을 계속하고 있을 때, 히스는 소련에 비밀 서한을 보내 소련이 동유럽을 차지할 수 있는 비법을 알려 주었습니다. 당시 미국의 대통령인 프랭클린 루스벨트는 알츠하이머, 심장병, 기관지염 등 여러 질병을 앓고 있어 공무 집행이 힘들었습니다. 당연히 이 사실은 일급 국가 비밀이었습니다.

히스는 소련 공산당 서기장 이오시프 스탈린_{Iosif Stalin}에게 미국의 루스벨트 대통령의 건강이 좋지 않은 점을 이용하도록 했습니다. 종선 뒤 세계 질서를 위한 회담 장소를 일부러 미국에서 8,000km나 떨어진 소련의 얄타Yalta로 정하도록 했습니다. 사람은 누구나 몸이 아프면 힘들고 만사가 귀찮아 일을 꼼꼼하게 처리할 수 없다는 점에 착안한 것이었습니다.

또한 미국이 유럽 전선과 태평양 전선에서 동시에 전쟁을 치르고 있는 힘겨운 상황을 활용하라고 일러 주었습니다. 두 지역에서 동시에 전쟁을 치르는 것이 버거웠던 미국이 소련에게 대일전對日戰 참전을 제안하면 그 대가로 동유럽 지배권을 요구하라고 알려 주었습니다. 소련은 대일전을 최대한 늦춘다면 별다른 피해를 보지 않을 것이기 때문에 독일 패망 이후 3개월 안에 대일전에 참전한다는 조건을

얄타 회담에 참석한 윈스턴 처칠(왼쪽), 프랭클린 루스벨트(가운데), 이오시프 스탈린(오른쪽)

내걸도록 했습니다.

히스는 루스벨트 대통령의 최측근으로서 미국의 모든 외교 정책을 손바닥 보듯이 알고 있었습니다. 그는 중요 국가 기밀을 남김없이 소련에 보냄으로써 소련이 스파이전에서 승리하는 데 일등공신이 되었습니다.

1945년 2월 소련의 얄타에서 미국, 영국, 소련 정상이 모여 종전 뒤의 새로운 세계 질서를 모색하게 되었습니다. 소련의 스탈린은 히스 덕분에 미국의 전략을 훤히 꿰차고 있어 자신만만했습니다. 히스의 말대로 루스벨트가 스탈린에게 대일전 참전을 요구하자, 스탈린은 그 대가로 동유럽 지배권을 요구했습니다. 루스벨트는 예상 밖으로 스탈린의 제안을 단번에 거절하고 회담장을 떠났습니다.

루스벨트의 단호한 태도에 당황해 하는 스탈린에게 루스벨트의 참모 자격으로 동석한 히스는 새로운 계책을 쪽지로 알려 주었습니다. 애주가인 루스벨트에게 술을 먹인 뒤 협상을 진행하라고 한 것입니다. 스탈린은 루스벨트와 재협상 도중 갑자기 보드카 두 병을 들고 와서 권하기 시작했습니다. 루스벨트는 처음에는 거절했지만, 계속되는 권유에 한두 잔씩 술을 마시면서 마침내 한 병을 전부 마셨습니다.

건강이 좋지 않은 상태에서 술을 마신 루스벨트는 판단력이 흐려져 스탈린이 내민 문서에 서명하고 말았습니다. 그가 서명한 문서에는 '소련군은 나치 독일이 붕괴한 뒤 3개월 안에 대일전에 참전한다.'라는 조항이 들어 있어 일분일초가 급했던 미국에게는 큰 손해였습니다. 그는 다음 날이 되어서야 자신의 실수로 동유럽을 잃어버리게 된 사실을 알게 되었습니다. 루스벨트 대통령은 얄타 회담 참석 이후 건강이 급속히 나빠져 두 달 뒤인 1945년 4월 세상을 떠났습니다.

냉전의 희생양, 로젠버그 부부 간첩 사건

1945년 7월 미국은 뉴멕시코주 로스앨러모스_{Los Alamos}에서 세계 최초로 원자폭탄 실험에 성공하며 인류의 핵 시대를 열었습니다. 미국은 원자폭탄을 개발하기 위해 엄청난 시간과 비용을 들인 만큼 최소 30년 동안은 그 누구도 원자폭탄을 개발할 수 없을 것이라고 확신했습니다.

그런데 1949년 9월 소련이 원자폭탄 개발에 성공함으로써 미국의 핵 독점 시대는 막을 내렸습니다. 이듬해인 1950년 6월, 소련의 힘을 업고 김일성이 한국전쟁을 일으키자 미국 사람들의 소련에 대한 공포는 더욱 커졌습니다.

소련이 원자폭탄 개발 성공을 발표하던 날, 미국 제33대 대통령 해리 트루먼의 머릿속에 지난 일 하나가 떠올랐습니다. 1945년 7월 당시 독일 포츠담에서 소련의 스탈린과 회담하고 있던 트루먼 앞으로 전보 한 장이 날아왔습니다. 이 전보에는 미국 원자폭탄 개발 총책임자가 뉴멕시코에서 진행한 핵 실험이 성공했다는 사실을 독일에 있는 대통령에게 긴급히 전하는 내용이 있었고, 이를 받아 본 트루먼은 매우 흡족해 했습니다.

이 전보를 읽은 뒤 트루먼은 스탈린에게 "엄청난 파괴력을 지닌 신

1945년 7월 원자폭탄 개발에 성공한 미국

무기 개발에 성공했다."라고 말했으나, 스탈린은 무심한 표정을 지어 보였습니다. 이전까지만 해도 미국의 첨단 무기 제조 기술을 이전해 달라고 안달하던 스탈린이 신무기에 대해 어떤 질문도 하지 않자 트루먼은 의아하게 생각했습니다. 그날 스탈린이 초연할 수 있었던 것은 미국 내 스파이를 통해 핵 개발 사실을 속속들이 알고 있었기 때문입니다.

소련의 원자폭탄 개발을 계기로 트루먼은 적극적으로 미국 내 소련 스파이 색출에 나서기 시작했습니다. 이때 활약한 사람이 바로 FBI* 최고 책임자인 존 에드거 후버John Edgar Hoover 입니다. 후버는 광범

---

* 미연방수사국

소련에 매수되어 핵 기술을 유출한
클라우스 푹스

위한 도청을 통해 미국 내 소련 스파이 색출에 온 힘을 쏟았고, 그 결과 미국에서 비밀리에 활동하던 스파이의 실체를 알아냈습니다.

소련이 빠른 기간 안에 원자폭탄을 개발할 수 있었던 것은 미국의 핵 기술이 유출되었기 때문이라는 사실을 알게 된 후버는 범인 체포에 나섰습니다. 기술을 유출한 주범은 클라우스 푹스Klaus Fuchs라는 영국 과학자였습니다. 푹스는 원래 독일에서 태어났지만 나치가 집권하자 탄압을 피해 영국으로 망명한 독일계 물리학자였습니다. 영국의 명문 에든버러 대학 연구원이었던 그는 소련의 스파이로 활동하던 중 미국의 원자폭탄 개발에 참여하게 되면서 미국으로 건너갔습니다.

푹스는 미국의 원자폭탄 개발에 핵심적인 역할을 하면서 알게 된 비밀을 같은 연구소에서 기술자로 일하던 미국인 그린글래스Greenglass에게 넘겼습니다. 그린글래스는 미국 공산당원으로서 원자폭탄에 관한 기술을 자신의 누나와 자형*에게 넘겼습니다. 자형 줄리어스 로젠버그Julius Rosenberg는 유대인이자 공산당원으로서 평소 미국 사회에 불만이 많은 사람이었습니다. 그는 아내인 에설 로젠버그Ethel Rosenberg와

---

* 손위 누이의 남편을 이르거나 부르는 말

함께 소련 스파이가 되어 처남이 빼내 오는 기술을 소련에 넘겼습니다. 미국의 원자폭탄 개발 완료 뒤 푹스는 영국으로 돌아갔습니다.

1950년 영국 정보부가 푹스를 체포해 범행 일체를 자백받는 과정에서 로젠버그 부부의 존재가 세상에 드러났습니다. 푹스는 영국에서 기술 유출 혐의로 14년 형을 선고받고 9년을 복역한 뒤 풀려나 사회주의 국가였던 동독에 정착했습니다. 동독에서 영웅 대접을 받은 그는 같은 사회주의 국가 중국에 원자폭탄 제조 기술을 이전했습니다. 1964년 중국은 푹스 덕분에 핵 실험에 성공했습니다.

1950년 7월 로젠버그 부부는 당국에 체포되어 소련 스파이 혐의로 법정에 섰습니다. 유죄가 인정되면 반역죄로 사형에 처해질 수도 있는 상황이었습니다. 재판이 시작되자 미국 전역에서 수많은 사람

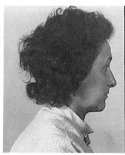
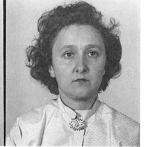

소련에 원자폭탄 기술을 빼돌린
줄리어스 로젠버그(왼쪽)와 에설 로젠버그

소련 스파이로 몰려
재판정에 선
로젠버그 부부

이 로젠버그 부부를 사형시키라는 시위를 벌였습니다. 특히 미국의
반유대주의자들은 로젠버그 부부가 유대인이라는 이유로 유대인은
모두 빨갱이라고 흑색 선전을 하기에 여념이 없었습니다.

반면, 알베르트 아인슈타인Albert Einstein 같은 유대인 저명인사는 로
젠버그 부부를 죽이는 것은 제2차 세계대전 중 일어난 나치 독일이
자행한 유대인 대학살과 다를 것이 없다며 사형에 반대했습니다. 철
학자 장 폴 사르스트Jean-Paul Sartre, 화가 파블로 피카소Pablo Picasso, 가톨
릭의 수장 교황까지 사형만큼은 면할 수 있도록 선처를 요구했습니
다. 실제로 원자폭탄 개발에 참여했던 과학자들도 판사에게 편지를
보내 로젠버그 부부가 빼돌린 기술은 핵심적인 내용이 아니기 때문
에 사형에 처하는 것은 너무 과하다는 뜻을 전했습니다.

법정에 선 로젠버그 부부는 자신의 죄를 부인하기는커녕 묵비권*
을 행사하며 아무 말도 하지 않았습니다. 더구나 로젠버그 부부의 변
론을 맡은 공산당 출신 변호사는 재판정에 나와 시종일관 자본주의
를 비판하며 미국 공산당의 존재를 알리기에 여념이 없었습니다. 그
는 피고인들을 살리기 위한 것이 아니라 공산당 홍보를 위해 나온 사
람이었습니다.

로젠버그 부부는 물론 변호사까지 형량을 줄이기 위한 어떠한 노
력도 하지 않았기 때문에 재판부도 형량을 줄일 이유가 없었고 결국
사형 선고가 내려졌습니다. 사형수가 된 로젠버그 부부에게 미국 정
부는 살 기회를 주려고 노력했습니다. FBI 국장 후버는 요원을 수시
로 교도소로 보내 사회주의를 포기하고 민주주의로 전향할 것을 제
안했습니다. 정부의 취지는 미국 내 소련 스파이를 제거하는 것이지
로젠버그 부부를 죽이는 것이 아니었기 때문입니다. 사회주의 사상
만 포기하면 사형을 면하게 해 주겠다는 약속도 했지만 로젠버그 부
부는 끝까지 묵묵부답이었습니다. 로젠버그 부부의 사형 집행일은
사형 선고가 내려진 지 2년 만인 1953년 6월 19일로 결정되었습니다.

후버는 사형 집행 하루 전날에도 로젠버그 부부에게 FBI 요원을 보
내 어린 두 아들을 생각해서라도 전향하라고 설득했지만 그들은 끝내
전향을 거부했습니다. 사형 당일 로젠버그 부부는 전기의자로 향했고
남편이 먼저 전기의자에 앉았습니다. 드와이트 아이젠하워Dwight David

---

* 피고인이나 피의자가 수사 기관의 조사나 공판의 심문에 대하여 자기에게 불리한 진술을 거부할 수 있는 권리

Eisenhower 대통령은 로젠버그 부부가 전기의자에 앉는 순간까지도 기회를 주려고 했지만 그들은 죽을 때까지 전향을 거부했습니다.

남편은 전기의자에 앉은 지 2분 30초, 아내는 5분 만에 싸늘한 주검이 되었습니다. 민간인이 간첩죄로 사형을 받은 것은 로젠버그 부부가 처음이자 마지막이었습니다. 로젠버그 부부의 사형이 집행된 뉴욕 싱싱교도소 앞에는 수천 명의 사람이 모여 '공산주의자 쥐새끼들에게 죽음을'이라는 피켓을 들고 사형 집행을 환영했습니다.

다른 한 무리의 사람들은 로젠버그 부부의 죽음에 애도를 표하며 미국을 강력히 비난했습니다. 로젠버그 부부가 끝내 죽음을 선택한 이유에 대해서는 여러 설이 분분하지만 순교자가 되려고 했다는 주장이 가장 설득력을 얻고 있습니다. 이 부부는 사형을 당함으로써 미국 정부가 얼마나 극악무도한지를 세상에 보여 주려고 했습니다. 그렇지만 자신들의 자식을 두고 사회주의를 위해 죽음을 택한 로젠버그 부부를 지지하는 사람은 그리 많지 않았습니다.

반공산주의 선동 정치, 매카시즘

조셉 매카시 Joseph R. McCarthy 는 위스콘신주 출신의 공화당* 상원의원이었습니다. 그는 아일랜드계로 1946년 38세라는 나이에 최연소 연방 상원의원으로 당선되며 주목을 받았습니다. 1950년 2월 매카시는

---

* 신자유주의와 감세 등 보수 우파 정책을 추구하는 보수 정당

미국 사회를 반공 광풍으로 몰아넣은 조셉 매카시

웨스트버지니아주에서 연설 도중에 "미국 국무부에는 사회주의자 205명이 있다."라고 외치며 자신의 가방 속에 그 명단이 있다고 주장했습니다.

매카시의 말 한마디는 엄청난 파장을 몰고 왔습니다. 그는 국무부 차관보 앨저 히스와 재무부 차관보 해리 덱스터 화이트Harry Dexter White 등 수많은 고위 관료가 소련 스파이라고 폭로했고, 이들은 검찰 수사를 받게 되었습니다. 이에 힘을 얻은 매카시는 언론계, 정치계, 연예계 등 곳곳에 소련 스파이가 활동하고 있다고 주장하며 더 많은 사람을 지목해 간첩으로 몰았습니다. 매카시의 지목을 받은 사람들은 저마다 사회주의자로 몰려 직장에서 쫓겨나고 사회적으로 매장당했습니다.

미국에서 추방된 매카시즘의 피해자 찰리 채플린

당시 미국 사회는 선동 정치에 휘말려 들기 쉬운 구조였습니다. 1950년대 초반 사회주의가 팽창하는 움직임에 위협을 느끼던 미국의 사회 분위기를 이용하여 매카시가 행한 선동 정치에서 유래한 매카시즘은 극단적인 반공주의의 하나로, 정치적 반대파를 사회주의자로 몰아서 제거하려는 현상을 말합니다. 매카시즘의 대표적인 피해자는 영화배우 찰리 채플린Charles Chaplin입니다. 채플린은 매카시에게 사회주의자로 몰려 제2의 고향인 미국에서 추방당하는 아픔을 겪었습니다. 매카시즘 광풍이 몰아닥친 1950년부터 1954년까지 매카시즘 피해자가 수만 명이나 나왔을 정도로 당시 미국 사회는 혼란스럽기 그지없었습니다.

1954년 매카시가 CBS 방송 프로그램에 출연해 "미 육군 내에 소련 스파이가 득실거리고 있다."라고 주장하면서 매카시즘의 종말이 시작되었습니다. 당시만 하더라도 육군은 미국인의 존경을 받는 집단으로서 군대를 비판한 매카시는 반감을 사는 데 충분했습니다. 매카시는 이번에도 자신의 가방 속에 스파이 명단과 유죄를 입증할 증거가 있다고 주장했지만 끝내 그 가방은 열리지 않았습니다.

국민의 신뢰를 잃은 매카시는 상원에서 불신임을 받고 쫓겨나 정치 인생을 마감했습니다. 사람들에게 조롱의 대상이 되어 몰락한 매카시는 억울함을 달래기 위해 술로 세월을 보내다가 3년 뒤인 1957년 49세라는 젊은 나이로 생을 마감했습니다. 이후 매카시즘은 '거짓 폭로'와 '허위 선동'의 대명사가 되었습니다. 또한 매카시라는 이름은 미국 사회에서 거짓말쟁이의 상징이 되었고 그는 죽어서도 오욕의 세월을 보내야 했습니다.

1991년 소련이 붕괴하면서 극적인 반전이 일어났습니다. 냉전이 종식됨에 따라 과거 소련의 극비 문서가 공개되었는데, 거기에는 국무부 차관보 앨저 히스, 재무부 차관보 해리 덱스터 화이트, 로젠버그 부부 등 매카시가 지목한 주요 인물 대부분이 소련 스파이 명단에 이름이 올라 있었습니다. 1995년 미국 정부도 '베노나 프로젝트Venona Project'의 실체를 공개하면서 매카시의 주장이 상당 부분 옳았음을 입증했습니다. 물론 매카시의 폭로가 사실과 다른 부분도 분명히 존재했습니다. '베노나 프

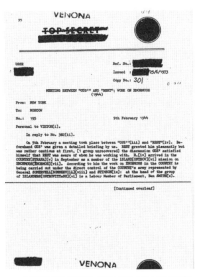
소련 암호를 해독하는 비밀 공작, 베노나 프로젝트

로젝트'란 미국 정부가 1940년대부터 1980년대까지 수행한 소련 암호 해독 프로젝트입니다.

1940년대부터 미국은 국내 소련 스파이와 소련 당국 간의 교신을 감청해 모두 해독했습니다. 정부는 비밀 감청을 통해 앨저 히스, 해리 덱스터 화이트, 로젠버그 부부 등 수많은 사람이 소련 스파이임을 알고 있었지만 재판의 증거로 제시하지는 않았습니다. 만약 재판 과정에서 감청 사실을 증거로 제출하면 암호 해독에 성공한 사실을 소련이 알게 되어 교신을 중단하거나 새로운 암호를 사용할 것이기 때문입니다. 이로 인해 매카시가 간첩으로 고발했던 사람 대부분이 증거 불충분으로 무죄 판결을 받게 되었습니다.

매카시의 주장대로 1950년대 미국 행정부 안에는 소련 스파이 수백 명이 촘촘히 심어져 원자폭탄, 레이저, 항공, 로켓 등 중요한 정보를 닥치는 대로 빼돌렸습니다. 매카시는 모든 것을 알고 있었지만 자신의 이익보다 더 큰 국가의 이익을 위해 아무것도 밝힐 수 없었습니다.

2000년대 들어 학계를 중심으로 매카시에 대한 재평가가 진행되기 시작했습니다. 학자들이 매카시의 행적을 다시 살펴보니 사회주의자에 대한 색출 작업이 모두 적법 절차에 따라 진행된 사실을 알 수 있었습니다. 매카시는 미국 사회에서 사회주의자를 몰아내 소련의 위협으로부터 안전한 세상을 만드는 것이 목적이었습니다. 인권 보호를 염두에 두고 모든 일을 진행했다는 사실이 그가 죽은 지 50년 뒤에 밝혀지기 시작했습니다.

아직도 매카시는 미국뿐 아니라 대부분 국가에서 악의 화신으로 취급받고 있지만, 2000년대 들어 학계를 시작으로 그의 손상된 명예를 조금씩 회복하고 있습니다.

최악의 빈부 격차로 빛이 바랜 아메리칸드림

1929년 발생한 경제 대공황은 미국 사회에 큰 반향을 불러왔습니다. 시장이 모든 경제 문제를 해결해 줄 것이라는 믿음은 사라졌고, 무너져 가는 경제를 살리기 위해 정부는 특별한 대책을 마련해야 했습니다. 1933년 제32대 미국 대통령이 된 프랭클린 루스벨트는 붕괴한 경제를 살리기 위해 사회주의적 정책을 도입했습니다.

그동안 미국의 사회주의자들이 줄기차게 주장해 온 복지 정책을 대거 도입함으로써 미국 사회는 이전과 다른 길을 걷게 되었습니다. 루스벨트 대통령은 극심한 소득 격차를 해결하고 복지 확충을 위한 재원을 마련하기 위해 부자에게 이전과는 비교할 수 없을 정도로 높은 소득세율을 적용했습니다. 1920년대 소득세율은 1%에 불과했는데, 루스벨트는 첫 임기 때 최고 소득자의 적용 세율을 63%로 올렸습니다. 그리고 두 번째 임기 때는 79%로 올렸습니다. 이후 들어선 정권에서도 같은 기조*가 이어졌습니다.

1960년대 초반 제35대 대통령 존 F. 케네디John F. Kennedy가 집권할

---

* 작품, 행동, 사상 등의 바탕에 깔려 있는 주된 흐름이나 방향

고율 소득세로 부유층의 원성을 들었던 존 F. 케네디

때는 소득세율이 91%까지 치솟아 부유층은 소득 대부분을 세금으로 내야 했습니다. 부유층은 세율을 낮추기 위해 끊임없이 정치권을 압박했지만 별다른 성과를 내지 못했습니다. 부유층으로부터 거두어들인 세금은 복지 제도 확충을 위해 사용되면서 빈부 격차가 좁혀져 갔습니다. 1950~1970년대 미국이 '중산층의 나라'라고 불리며 골고루 잘사는 사회를 이룬 것은 정부가 강력한 소득 재분배 정책을 추진한 결과였습니다.

1980년 초에 집권한 공화당 출신 제40대 대통령인 로널드 레이건 Ronald Reagan은 기존의 경제 정책을 뒤엎고 부유층을 위한 적극적인 감세 정책에 나섰습니다. 그는 감세를 통해 부유층의 소득이 증가하면 그만큼 소비가 늘어나 결과적으로 경제가 활성화된다는 주장을 내세워 최고 소득 구간의 적용 세율을 35%로 낮추었습니다.

레이건의 감세 정책으로 세금 수입이 크게 줄어들자 정부 재정은 빚더미에 올랐지만, 부유층의 소득이 증가한 것에 비례해 소비가 늘어나지는 않았습니다. 미국의 부가 부유층에게 집중되자 중산층이 몰락하면서 빈곤층이 폭발적으로 늘어났습니다. 시간이 흐를수록 미국 사회는 소득 격차 문제가 심각해져 경제 대공황 당시와 별반 차이 없는 세상이 되었습니다. 대기업 CEO는 수천만 달러에 달하는 큰돈을 연봉으로 받으면서 막대한 부를 쌓았지만, 평범한 노동자는 소득이 줄어들어 생활고에 시달리는 사태가 벌어졌습니다.

미국은 1930년대에 세계 최초로 법정 최저 임금 제도를 도입하는 등 노동자 보호를 위해 적극적인 조치를 취한 나라였지만 레이건 대통령 이후 노동자에 대한 보호 조치가 대폭 사라졌습니다. 1960년대 노동자의 시간당 실질 최저 임금은 당시 세계 최고 수준이었습니다. 하지만 미국의 실질 임금 상승률은 선진국 평균을 밑돌아 2000년대 이후 중하위권을 맴돌았습니다. 그런데도 레이건 이후 등장한 대통령은 누구도 예전처럼 과감하게 부유층에 대해 높은 세율을 적용하지 않았습니다. 이는 정치 후원금이 대부분 대기업과 월스트리트의 금융 자본가에게서 나오기 때문입니다.

경제 대공황이 발생할 무렵, 소득 기준 상위 1%가 미국 전체 소득의 24%를 차지했습니다. 그런데 1930년대 이후, 루

경제 활성화를 위해 감세 정책을 펼친 로널드 레이건

미국 부유층을 위한 명품 매장이 몰려 있는 비버리힐스

스벨트를 시작으로 역대 정권의 강력한 소득 재분배 정책으로 인해 상위 1%의 소득 점유율은 8% 수준까지 낮아졌습니다.

하지만 레이건 대통령 이후 지속된 부자 감세 정책 때문에 다시 경제 대공황 이전 상태로 소득 격차가 벌어지면서 미국은 '선진국 중 최악의 빈부 차이가 있는 국가'라는 오명을 안게 되었습니다. 이에 미국인 누구라도 성실히 일하면 중산층 이상의 삶을 누릴 수 있다는 아메리칸드림은 급격히 빛이 바래며 과거의 영광이 되었습니다.

"자본주의는 망했다" 민주적 사회주의자, 버니 샌더스

1941년 버니 샌더스Bernie Sanders는 뉴욕의 브루클린에서 폴란드 출신 유대인 아버지와 러시아 출신 유대인 어머니 사이에서 태어났습니다. 페인트 회사의 영업 사원이었던 아버지의 돈벌이가 신통치 않아 그는 경제적으로 유복하지 못한 환경에서 자랐습니다. 성장 과정에서 샌더스에게 가장 큰 영향을 미친 사람은 친형 래리 샌더스_{Larry Sanders}였습니다. 샌더스보다 나이가 8살 많은 래리는 하버드 대학 로스쿨에 진학한 수재로 사회주의 사상을 동생에게 전해 주었습니다.

친형의 영향으로 학창 시절부터 사회주의 사상에 심취한 샌더스는 관련 서적을 탐독하면서 차츰 사회주의자가 되었습니다. 그는 고등학교 재학 시절에 최상위권을 유지하며 두각을 드러냈지만, 원하던 하버드 대학에 진학하는 데는 실패했습니다. 당시에는 하버드 대학을 비롯한 아이비리그*는 유대인 학생의 입학 비율을 10% 이하로 유지하는 정책을 시행하고 있었습니다. 유대인의 지적 능력이 뛰어나 입학에 제한을 두지 않으면 미국의 명문 대학은 유대인의 독무대가 될 것을 우려해서 나온 조치였습니다.

샌더스는 명문 시카고 대학에 전액 장학금을 받고 입학할 기회를 잡았지만, 당시 큰병을 앓고 있던 어머니를 뒷바라지하기 위해 집 근

고등학교 시절 두각을 보인 버니 샌더스

---

* 미국 북동부에 있는 8개의 명문 사립 대학

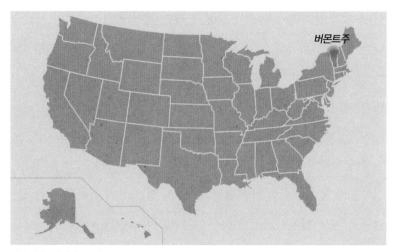
버니 샌더스의 정치적 기반인 버몬트주

처의 브루클린 대학을 선택했습니다. 이후 '유진 데브스'라는 사회주의 연구 모임에 참석해 사회주의를 연구했습니다.

1959년 어머니를 여읜 샌더스는 시카고 대학 정치학과에 편입해 사회주의자들과 교류하기 시작했습니다. 열성적인 사회주의자로 거듭난 샌더스는 반전 평화 운동, 인종 차별 철폐 등 정의를 부르짖는 시위 현장이라면 어디라도 찾아가 힘을 보탰습니다. 그 과정에서 경찰에 여러 차례 체포되는 등 많은 수난을 당했지만 뜻을 굽히지 않았습니다. 교내에서 학생들을 대상으로 사회주의를 전파하는 일에도 앞장섰는데, "자본주의는 망했다."라고 외치며 머지않아 미국에도 사회주의 시대가 열릴 것이라는 주장을 펼치기도 했습니다.

대학 졸업 뒤 샌더스는 버몬트주에 정착해 목수, 다큐멘터리 감독 등 생계를 유지하기 위해 온갖 일을 하면서 시민운동을 계속했습니다. 미국의 뛰어난 인재들이 대부분 명문 로스쿨에 진학해 주류층에 편입하는 것을 목표로 삼을 때 샌더스는 이를 거부하고 좁고 험한 길을 선택했습니다.

미국을 강타한 미국식 사회민주주의 열풍

1971년 샌더스는 무명의 진보 정당인 자유연합당에 가입해 정치인의 길을 걸었습니다. 양당 체제가 깊게 뿌리 내린 미국에서 정치 지망생 대부분이 민주당이나 공화당을 선택하는 것과 달리 샌더스는 사회주의 성향의 진보 정당을 선택해 스스로 비주류가 되었습니다. 이후 자유연합당 후보로 버몬트주 상원의원과 주지사 선거에 각각 두 차례씩 나섰으나, 진보 정당의 후보가 설 자리는 없었습니다.

샌더스는 선거에서 연거푸 고배를 마신 뒤, 정치권에 정식으로 입문한 지 10년 만인 1981년 버몬트주의 벌링턴 시장 선거에 무소속 후보로 나서서 당선되었습니다. 샌더스의 활동은 여느 정치인과 크게 달랐습니다. 세계 어디에서나 정치인은 선거 기간에만 유권자에게 몸을 낮추고 막상 당선되면 거드름을 피우기 일쑤였습니다. 하지만 샌더스는 시장이 된 이후에도 변함없었습니다. 그는 관할 지역에 눈이 내리면 가장 먼저 삽을 들고 눈을 치웠고, 수시로 돌아다니며 주민들의 불편을 귀담아들었습니다. 주민들에게 '시장님'이라는 호칭 대신 '버니'라고 불러 달라고 요구했습니다. 실제로 주민들은 그를 '버니'라고 부르며 친근함을 표현했습니다.

연방 하원의원 시절의 버니 샌더스

샌더스는 네 차례나 시장 연임에 성공하면서 정치인으로서 탄탄한 입지를 굳혔습니다. 1991년 드디어 연방 하원의원 선거에 무소속으로 나서서 대승을 거두었습니다. 무소속 후보가 연방 하원의원에 당선된 것은 40년 만의 일입니다. 이를 통해 버몬트 주민들이 샌더스를 얼마나 신뢰했는지 알 수 있습니다. 이후 15년간 하원의원을 지낸 샌더스는 2006년 연방 상원의원에 당선되었고, 2012년에는 72%라는 압도적인 득표율로 재선에 성공하며 버몬트주를 대표하는 정치인으로 성장했습니다.

오랜 기간 이어져 온 냉전의 여파로 사회주의를 도저히 용납할 수 없는 악으로 생각하던 미국 사회에서 공공연하게 사회주의자임을 드러낸 샌더스가 연방 상원의원까지 오른 것은 큰 이변이었습니다. 더구나 버몬트주는 미국 내에서 백인 비율이 가장 높은 지역으로 보수적인 색채가 워낙 강해 이전까지만 하더라도 진보적인 정치인은 발도 붙이지 못하던 곳이었습니다. 샌더스는 지위가 높아져도 초심을 잃지 않고 주민과 소통하려는 노력을 게을리하지 않았으며 이를 알아본 주민들은 선거 때마다 그를 선택했습니다.

사회적 약자 편에 선 샌더스의 도전

미국은 개인의 자유를 최대한 보장하는 나라이지만 자본주의와 개신교의 영향력이 워낙 강해 이슬람교와 사회주의는 환영받지 못했습니다. 샌더스는 미국을 사회주의 국가로 만들어야 한다고 주장하지만, 소련이나 북한 같은 전체주의적 색채를 띠는 사회주의 국가를 말하는 것은 아닙니다. 그가 꿈꾸는 세상은 독재자가 국민을 탄압하고 착취하는 독재형 사회주의 국가가 아니라 핀란드, 스웨덴, 노르웨이, 덴마크 등 북유럽의 민주적 사회주의 복지 국가입니다. 이들 국가는 정부가 국민의 삶에 적극적으로 개입해 '요람에서 무덤까지' 빈틈없는 복지 서비스를 제공합니다.

북유럽 사람들은 미국인에 비해 많은 세금을 내지만 미국과는 비교할 수 없을 정도로 수준 높은 삶을 누립니다. 무상 의료·무상 교육

미국에 비해 안정적인 삶을 누리는 북유럽 복지 국가

시스템이 잘 구축되어 있어 돈이 없어도 얼마든지 치료를 받을 수 있고 대학 교육까지 무료로 받을 수 있습니다. 노동자를 보호하는 다양한 법 제도가 잘 마련되어 있어 비정규직도 정규직과 다름없는 혜택을 누릴 수 있습니다. 또한 법정 최저 임금도 적절해 노동력을 착취당하는 일이 거의 없습니다. 또 직장을 잃더라도 정부로부터 안정적인 생활을 할 수 있을 만큼의 생활비를 보조받기 때문에 삶이 한순간에 나락으로 떨어지는 일은 없습니다. 대중교통 수단도 잘 갖춰져 있어 차가 없더라도 생활하는 데 큰 불편이 없고 치안이 안정되어 밤길을 걸으며 무서워할 필요도 없습니다.

반면, 미국은 세금은 적게 내지만 북유럽에 비해 형편없는 복지 시스템을 갖추고 있습니다. 오로지 이익 추구를 설립 목적으로 삼는 영리 병원 위주의 미국 사회에서 아플 경우 상상도 하지 못할 정도로

높은 범죄율 때문에 밤에 다니기 위험한 미국 대도시

큰돈이 들어갑니다. 사립 학교의 학비는 연간 5만 달러에 달해 보통 사람들은 감당하기 버거울 정도로 비쌉니다. 일부 아이비리그 명문 대학은 막대한 기부금 덕분에 재정이 튼튼해 학생들에게 충분한 장학금을 지급하지만 일반 대학에 다니는 학생들은 장학금 혜택을 잘 받지 못해 학비를 고스란히 부담해야 합니다.

노동자에 대한 제도적 보호 장치도 부실해 비정규직 근로자의 비율이 높고, 최저 임금도 선진국 중 최하위 수준을 면치 못하고 있습니다. 대중교통 수단이 부족해 자가용이 없으면 활동에 큰 제약을 받고, 범죄가 만연해 마음 놓고 밤길을 돌아다니는 것이 쉽지 않습니다.

미국의 복지 제도가 북유럽 국가와는 비교할 수 없을 정도로 부실한 이유는 정치권의 무관심 때문입니다. 원래 정치인은 대다수 국민을 위해 국정을 운영해야 하지만, 적지 않은 미국 정치인은 월스트리트의 금융 자본과 대기업의 이익을 지키는 일에만 관심을 두고 있습니다. 올바른 세상을 만들기 위해 여론을 주도해야 할 언론은 기업에서 들어오는 광고가 줄어들 것을 우려해 제 소리를 내지 못하고 있습니다. 정치인은 선거철에만 개혁을 부르짖다가 선거가 끝나면 다시 예전으로 돌아가 기업으로부터 정치 후원금을 조금이라도 더 받기위해 노력합니다.

2015년 샌더스는 미국을 북유럽식 사회민주주의 국가로 개조하기 위해 제45대 대통령 선거에 출마를 선언했습니다. 그는 민주당과 공화당 양당제가 정착한 미국 정치 지형에서 살아남기 위해 민주당에 입당했습니다. 당시만 하더라도 버몬트주 지역 정치인에 불과하던 그가 앞으로 일으킬 돌풍을 예상하는 사람은 별로 없었습니다. 게다가 당시 민주당의 대선 유력 후보는 제42대 대통령 빌 클린턴Bill Clinton의 영부인이자 국무장관을 지낸 힐러리 클린턴Hillary Clinton이었습니다. 월스트리트의 금융 자본가와 대기업의 전폭적인 후원을 받던 힐러리는 기득권 정치인의 상징으로서 샌더스와는 반대편에 선 인물이었습니다. 주류 언론 역시 일방적으로 힐러리 클린턴의 편을 들었습니다.

미국의 유력 언론사인 〈뉴욕타임스〉는 과거에 미국의 사회주의자 유진 데브스가 대선에 출마하자 그를 두고 '미국을 넘어 인류의 적'이라고 불렀을 정도로 사회주의자를 혐오했습니다. 샌더스가 대선 출마를 선언하자 〈뉴욕타임스〉와 더불어 미국의 양대 신문사로 평가받는 〈워싱턴포스트〉는 '샌더스는 사회주의자이기 때문에 절대로 미국 대통령이 되어서는 안 된다.'라고 주장하면서 샌더스에 대한 혐오감을 여과 없이 드러냈습니다. 다른 언론사도 샌더스를 향해 '비현실적 몽상가, 미국의 경제를 거덜 낼 사회주의자' 등 온갖 악평을 쏟아냈습니다.

세상의 변화를 원하는 평범한 사람들의 힘_풀뿌리 민주주의의 실현

미국의 정치는 '금권 정치'라고 불릴 정도로 돈이 선거 결과에 큰 영향을 미칩니다. 선거 자금을 충분히 확보한 후보는 TV, 인터넷, 신문 등 대중매체를 통해 자신의 존재를 알림으로써 유권자의 지지를 끌어낼 수 있습니다. 기득권층으로부터 막대한 선거 자금을 확보한 힐러리 클린턴은 우호적인 언론의 지원 아래 초반부터 적극적인 공세를 취했습니다.

반면에 월스트리트의 금융 자본가와 대기업에게 세금을 더 거두어 복지를 늘리겠다고 말하는 샌더스에게 후원금을 주겠다는 기업은 별로 없었습니다. 그렇지만 세상의 변화를 바라는 보통 사람들이 뜻을 모으면서 기적 같은 일이 벌어졌습니다. 무려 100만 명 이상의 유권자가 샌더스에게 소액의 후원금을 보내 총금액이 3,000만 달러에 육박할 정도로 큰돈이 모였습니다. 샌더스에게 소액의 후원금을 보낸 사람들은 학자금 대출로 사회에 나가기 전부터 빚더미에 오른 대학생, 비정규직으로 생계 불안에 시달리는 근로자, 남녀평등을 원하는 여성, 성적 소수자에 대한 차별이 사라지기를 바라는 동성애자 등

버니 샌더스에게 열광하는 지지자들

대선 도전에는 실패했지만
깊은 여운을 남긴 버니 샌더스

미국 사회에서 상위 1%를 제외한 99%의 평범한 사람들이었습니다.

샌더스가 유세하는 곳마다 유권자가 구름 떼처럼 몰려들었습니다. 이들은 축제 분위기 속에서 샌더스의 말에 귀를 기울였습니다. 보통 사람들의 전폭적인 후원에 힘을 얻은 샌더스는 힐러리 클린턴과 치열한 접전을 벌이며 사람들을 깜짝 놀라게 했습니다. 민주당 경선 레이스에서 샌더스는 50개 주 중 22개 주에서 승리를 거두면서 40%에 이르는 득표율을 얻었습니다. 이는 샌더스가 비록 민주당 경선에서 승리하지는 못했지만 미국 사회의 근본적인 변화를 바라는 사람이 얼마나 많은지를 보여주는 좋은 사례였습니다.

샌더스의 도전은 실패로 끝났지만 그가 남긴 유산은 적지 않습니다. 이는 샌더스에 대한 유권자의 열렬한 지지에 놀란 힐러리 클린턴이 샌더스의 공약을 대폭 수용해 민주당의 대선 공약으로 삼았기 때문입니다. 하지만 힐러리 클린턴이 대선에서 공화당의 도널드 트럼프Donald Trump 후보에게 패배하자 샌더스의 꿈도 함께 사라졌습니다.

선거 전문가들은 대선에서 힐러리 클린턴 대신 샌더스가 나왔다면 결과가 달라졌을 것이라고 입을 모았습니다. 실제로 샌더스가 민주당 대선 후보로 나올 경우를 가정해 트럼프와 예상 득표율을 조사했을 때 샌더스는 항상 10% 이상 큰 차이로 트럼프를 앞섰습니다. 반면에 힐러리는 트럼프와 엎치락뒤치락하며 확실한 우위를 보이지 못했습니다. 트럼프와 힐러리 모두 부유층 출신에 명문 대학을 졸업한 전형적인 엘리트로서 평범한 미국인과는 다른 배경을 가진 사람들이었기 때문입니다. 이에 평범한 국민은 힐러리 클린턴에게 별다른 호감이 없었고, 힐러리를 위해 악착같이 선거장에 나가려고 하지 않았습니다.

만약 평생 미국의 사회적 약자를 보호하기 위해 앞장선 샌더스가 민주당 대선 후보로 나섰다면 어떻게 되었을까요? 이에 선거 전문가들은 도널드 트럼프보다 더 높은 지지를 받아 대선에서 승리했을 것이라는 분석을 내놓았습니다.

들여다보기

★

사회주의 영향력을
확대하려는 중국

 1991년 사회주의 종주국 소련이 역사의 뒤안길로 사라질 때까지 미국의 주적은 소련이었다. 세계에서 가장 넓은 영토와 막강한 군사력을 보유한 소련은 제2차 세계대전 이후 반세기 정도 미국인에게 두려움의 대상이었다. 소련의 붕괴는 사회주의 국가의 연쇄적인 몰락을 불러왔고 미국은 한동안 사회주의 국가의 위협에서 벗어날 수 있었다.

 2013년 집권을 시작한 중국의 시진핑이 미국에 도전장을 내밀면서 미국인들의 사회주의에 대한 공포가 다시 시작되었다. 소련은 군사력은 막강했지만 경제력은 미국에 비교가 되지 못했다. 그러나 중국은 1990년대

미국에 세워진 공자학원

이후 폭발적인 경제 성장을 통해 미국을 위협하는 세계 제2의 경제 대국으로 성장했다. 중국은 경제 대국만으로 만족하지 못하고 자국의 영향력을 확대하기 위해 미국을 비롯한 전 세계에 공자학원이라는 교육 기관을 설치했다.

중국은 다른 나라보다 미국에 더 많은 공자학원을 세우기 위해 혈안이나. 명문 대학을 중심으로 미국의 100여 개 대학에 공자학원이 늘어섰고, 중국 정부의 조종을 받는 중국인 강사가 교육을 빌미로 대거 미국으로 유입되었다. 중국 정부가 공자학원의 수업 내용을 결정하고 운영비를 지원했기 때문에 공자학원은 중국 공산당과 뗄 수 없는 관계였다. 중국어를 배우기 위해 공자학원에 등록하는 미국 대학생이 상당히 많아 공자학원은 성황을 이루었다.

2018년 FBI 국장 크리스토퍼 레이가 "미국 내에서 운영 중인 공자학원의 일부가 친중파 인사 육성과 스파이 활동의 거점으로 이용되고 있다. 미국 내 중국 유학생은 물론 중국계 미국인의 동향을 일거수일투족 감시하는 기구다."라고 말한 뒤 분위기는 순식간에 바뀌었다. 미국은 공자학원이 단순한 문화 교류의 공간이 아니라 중국식 사회주의 체제를 미화하는 장으로 악용되고 있다고 판단했다. 그리고 미국 대학을 상대로 교내의 공자학원을 없앨 것을 요구했다.

그도 그럴 것이 공자학원의 교육 과정에는 중국 공산당의 이념을 가르치는 시간이 포함되어 있었다. 하지만 대만이나 티베트 독립 문제 등 중국 정부에 불리한 내용의 토론이나 학술 행사는 열 수 없다. 개인의 자유를 가장 중요한 가치로 생각하는 미국에서 중국 정부가 공자학원의 교육 내용을 일일이 통제하고, 친중파 인사 육성의 도구로 공자학원을 이용하자 미국 정부가 철퇴를 내린 것이다.

— 2장 —

세계 최고의 첩보 기구

CIA의 비밀 전쟁

FBI를 견제하기 위해 만들어진 CIA

미국은 제2차 세계대전 이전까지 외부로부터 공격을 받은 적이 없습니다. 게다가 독립 이후 오랜 기간 다른 나라의 일에 간섭하지 않는 고립주의 원칙을 국가의 기본 정책으로 삼았기 때문에 연방 정부 차원의 대규모 정보기관을 운영하지 않았습니다. 대신 육군이나 해

일본의 진주만 공습으로 큰 타격을 입은 미국

군 등 여러 기관이 필요에 따라 소규모 정보 조직을 운영했습니다. 하지만 중앙 정부 차원에서 대규모 정보기관을 운영하는 다른 나라에 비해서는 정보 수집 능력이 상당히 뒤떨어졌습니다. 게다가 정보 수집 기관 간의 정보 교류가 거의 없어 어렵게 수집한 정보조차 제대로 활용하지 못하는 상태였습니다.

그런데 1941년 12월 일본의 하와이 진주만 기습을 계기로 상황이 급변하기 시작했습니다. 전쟁 기간에 적국이었던 독일과 일본이 미국 내부에 심어 놓은 스파이를 통해 수많은 정보를 빼낼 동안 제대로 된 정보기관이 없던 미국은 속수무책으로 당할 수밖에 없었습니다. 당시 제32대 대통령 프랭클린 루스벨트는 세계를 아우르는 연방 정부 차원의 정보기관 설립의 필요성을 깨닫고, 1942년 OSS미국 전략 사무국를 설립했습니다.

OSS는 산재해 있던 기존의 여러 정보기관을 통합하고 확대해서 만든 최초의 연방 정보기관으로, 요원들은 전쟁 기간에 목숨을 걸고 세계를 누비며 혁혁한 공을 세웠습니다.

1945년 8월 전쟁이 끝나자 OSS를 두고 문제가 불거지기 시작했습니다. 당시 FBI 최고 책임자인 존 에드거 후버가 FBI에서 해외 첩보 임무까지 수행해야 한다며 프랭클린 루

해외 첩보 업무까지 수행하려 했던 FBI

스벨트의 후임 대통령인 해리 트루먼을 압박했기 때문입니다.

FBI는 50개 주가 모여 구성된 연방제 국가인 미국에서 범죄 수사의 효율성을 위해 만들어진 국내 수사 기관입니다. 주마다 독자적인 행정 시스템을 가진 미국에서는 주를 넘나드는 수사를 하기가 쉽지 않아 범죄인 색출 및 처벌에 애로 사항이 많았는데 이 문제를 해결하기 위해 FBI가 등장했습니다.

1935년 초대 FBI 국장으로 임명된 후버는 탁월한 능력을 발휘해 대형 조직범죄 단체인 마피아 척결에 큰 성과를 이루었지만 권력을 남용하면서 문제를 일으켰습니다. 그는 FBI 조직원을 동원해 정치인을 비롯한 유명인의 사생활을 감시하고 이를 통해 알아낸 정보를 악용해 권력을 유지하려고 했습니다. 대통령, 국회의원, 고위 관료 등 미국을 움직이는 권력자들은 저마다 후버에게 크고 작은 약점을 잡혀 그의 말을 들을 수밖에 없었습니다. 정보의 힘을 누구보다도 잘 알고 있던 후버는 제2차 세계대전을 계기로 해외 첩보의 중요성이 부각되자 이를 자신의 권력을 확대할 기회로 삼고자 했습니다.

후버는 해외 정보 수집 역시 FBI가 담당해야 한다고 주장하면서 세계 곳곳에 FBI 해외 지부를 만들고자 했습니다. 이를 통해 세계 권력자들의 약점을 수집해 세계를 상대로 영향력을 행사하려는 계획을 세웠습니다. 해리 트루먼 대통령은 후버가 세계를 아우르는 권력자로 등극하는 것을 원치 않았습니다. 1947년 트루먼 대통령은 후버를 견제하기 위해 대통령 직속의 CIA_{미국 중앙정보국}를 창설했습니다.

소련과 벌인 첩보 전쟁

1947년 트루먼 대통령은 CIA를 창립하면서 엘리트 위주로 조직을 만들고자 했습니다. 해외에서 정보를 수집하는 일은 생각보다 훨씬 어렵고 위험합니다. 고급 정보를 얻기 위해서는 상대 국가의 고위층을 포섭해야 하는데 이를 위해서는 친화력, 판단력 등 다양한 능력이 필요합니다. 요원 모집에 하버드, MIT매사추세츠 공과 대학, 예일, 프린스턴, 스탠퍼드 등 미국에서 내로라하는 명문 대학의 졸업자가 몰려들어 CIA는 인재의 요람이 되었습니다.

제2차 세계대전 이후 소련을 필두로 한 사회주의 세력과 냉전이 시작되면서 CIA의 역할은 더욱 중요해졌습니다. 전후 미국의 강력한 경쟁자로 부상한 소련은 팽창주의 정책을 펼치면서 곳곳에서 마찰을 일으켰습니다. 소련 역시 첩보 전쟁에서 뒤지지 않기 위해 정보기관인 KGB국가보안위원회를 동원해 미국에 맞섰습니다.

첩보 전쟁에서 미국은 소련보다 불리한 여건을 벗어나지 못했습니다. 이민자의 나라 미국에는 수많은 러시아인이 살고 있었고 거주 이전의 자유가 충분히 보장되어 있어 KGB 요원들이 정보를 수집하는 데 별다른 어려움을 겪지 않았습니다. 반면에 철저한 통제 국가인 소련에서 CIA 요

세계 최대의 조직과 정보력을 가진 CIA

소련의 해외 첩보 기관인 KGB 본부

원이 활동하기란 쉽지 않았습니다. 소련에 있는 미국인은 대사관 직원 등 극소수였기 때문에 KGB 요원의 감시에서 벗어나기가 쉽지 않았습니다. 미국과 소련 간의 첩보 전쟁은 비단 두 나라의 땅에서만 벌어진 것이 아니라 양국의 영향력이 미치는 세계를 무대로 광범위하게 펼쳐졌습니다.

CIA의 흑역사_피그만 침공 사건

제2차 세계대전 이후 소련이 팽창주의 정책을 취하면서 동유럽을 비롯해 아시아, 아프리카 등 세계 곳곳에 소련의 후원을 받는 사회주의 정권이 들어섰습니다. 공산화가 이루어진 나라는 모두 극심한 빈

소련의 최정예 해외 첩보 기관
KGB

부 차이와 불평등이라는 동일한 문제를 안고 있었습니다.

북유럽 국가처럼 빈부 차이가 심하지 않고 민주주의가 잘 정착된 나라에서는 내부 문제를 선거나 의회를 통해 충분히 해결할 수 있어 나라가 뒤집히는 일은 발생하지 않았습니다. 그런데 극소수 기득권층이 부와 권력을 독차지한 나라에서는 민주적 절차만으로는 심각한 사회 문제를 합리적으로 해결할 수 없었습니다. 이로 인해 자본가를 척결하고 노동자와 농민이 주인이 되는 사회를 지상 목표로 하는 사회주의자가 각국에 생겨났고 소련은 이들을 적극적으로 후원했습니다.

사회주의를 절대 악으로 간주한 미국은 공산화를 막기 위해 반사회주의 사상을 갖고 있으면 어느 누구와도 손을 잡으면서 문제가 생겨났습니다. 미국과 손잡으려고 한 사람들 대부분이 국민으로부터 지탄받던 후진국의 독재자나 거대 자본가였기 때문입니다.

미국은 지리적으로 가까운 중남미에 사회주의 정권이 들어서는 것을 극도로 민감해 했습니다. 하지만 1950년대 쿠바에서 사회주의 정권이 탄생했습니다. 미국에서 비행기로 1시간이면 도착하는 가까운 거리에 있는 쿠바는 19세기 말 이후 미국의 영향력 아래 있던 나라였

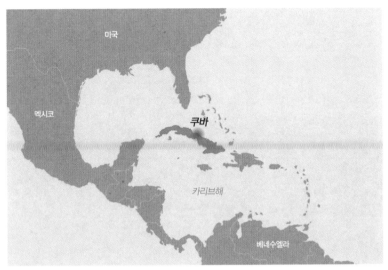
1950년대 사회주의 혁명에 성공한 쿠바의 위치

습니다.

카리브해의 열대 섬나라 쿠바는 사탕수수를 원재료로 만든 설탕을 미국에 수출하고 그 돈으로 생활필수품을 수입해 근근이 먹고살던 나라였습니다. 쿠바의 사탕수수 농장 대부분이 미국인과 쿠바의 소수 부유층 소유였습니다. 이들은 쿠바 노동자를 착취해 돈을 벌었습니다. 미국인 농장주는 물론, 쿠바인 농장주도 농장에 살지 않고 쿠바의 수도 아바나나 뉴욕에 살면서 호사를 누렸습니다. 반면, 농장 노동자들은 기본적인 의식주조차 해결할 수 없을 만큼 저임금에 시달리며 절망의 나날을 보냈습니다.

더구나 1920년대 미국 전역에 금주령이 내려지면서 쿠바는 미국인의 환락을 위한 장소로 전락하고 말았습니다. 아바나의 거리에는

쿠바의 주력 수출품이던 사탕수수

수많은 술집이 들어섰는데 대부분 미국 범죄 조직인 마피아의 소유
였습니다. 미국 마피아는 쿠바 정부로부터 카지노 영업 허가를 받아
내면서 막대한 수익을 올렸고, 이를 쿠바 정치인들과 나눠 가졌습니
다. 이와 같이 쿠바는 미국에 절대적으로 의존하는 반식민지 상태를
벗어나지 못하고 있었습니다.

1956년 12월 쿠바의 사회주의 혁명을 꿈꾸던 피델 카스트로Fidel
Castro는 뜻을 같이한 동지들과 함께 바티스타Batista 친미 독재 정권을
무너뜨리기 위한 무력 투쟁에 돌입했습니다. 미국은 쿠바 정부군이
소수의 카스트로 세력을 쉽게 제압할 것이라고 예상했습니다. 그러
나 카스트로는 1959년 1월 농민의 지지를 등에 업고 수도 아바나를

수많은 술집이 들어선 휴양지 쿠바

미국인 부자에게 인기 휴양지였던 쿠바의 아바나

쿠바에 사회주의 정권을 세운 피델 카스트로(오른쪽)

점령하면서 사회주의 혁명에 성공했습니다.

카스트로는 권좌에 오르자마자 쿠바를 사회주의 국가로 만들기 위한 대대적인 국가 개조 사업에 나섰습니다. 사탕수수 농장을 비롯한 쿠바 내에 있는 미국인 소유의 재산은 모두 국유화*했습니다. 미국 마피아가 운영하던 도박장과 술집 역시 강제로 폐쇄되었습니다. 더구나 친미 성향의 인사가 대거 숙청되면서 미국은 쿠바 땅에서 더는 힘을 발휘할 수 없었습니다.

미국은 카스트로를 제거하기 위해 CIA를 동원했습니다. 1961년 1월 존 F. 케네디 대통령은 쿠바와 외교 관계를 단절한 뒤 CIA에 쿠바 침공을 명령했습니다. 그러나 CIA는 스파이로 이루어진 집단이기 때문에 카스트로의 군대에 맞서 직접 전투를 치를 수는 없었습니다.

쿠바에 사회주의 정권이 들어선 뒤 카스트로의 압박을 견디다 못한 수많은 쿠바 기득권층이 미국으로 망명해 쿠바와 가까운 플로리다에 집단으로 거주하고 있었습니다. 이들은 모든 것을 한순간에 빼

* 사유 재산, 공유 재산을 국유 재산으로 하는 것

앗아 간 카스트로를 증오했습니다. CIA는 이런 쿠바 망명자의 분노를 이용해 사회주의 정권을 무너뜨리고자 했습니다. CIA는 쿠바 난민 중에서 용병 1,400명 가량을 모집해 과테말라에서 훈련시켰습니다. 교관을 초빙해 군사 교육을 하고 각종 무기를 공급하면서 1961년 4월 쿠바를 공격하도록 했습니다.

이른바 '피그만 침공 사건'이라 불린 CIA의 쿠바 공격은 미국의 기대와 달리 카스트로의 승리로 싱겁게 끝맺었습니다. 카스트로의 군대가 바티스타 정부군을 상대로 오랜 기간 게릴라전을 벌이면서 충분한 실전 경험을 쌓았기 때문에 월등한 전투력을 갖고 있었던 것입니다.

카스트로는 피그만에 상륙한 침략군을 물리치기 위해 탱크를 타고 현장으로 달려가 직접 지휘하면서 전투를 승리로 이끌었습니다. 침략군 1,400여 명 중 해상에서 기다리던 미 해군 군함으로 돌아온 사

쿠바군의 포로가 된 미국의 용병 특공대

피그만 침공 실패로 망신을 당한
CIA 국장 앨런 덜레스

람은 30여 명에 불과했고, 나머지는 죽거나 포로가 되었습니다. 피그만 침공이 참패로 끝나자 미국은 세계의 웃음거리로 전락하고 말았습니다.

젊고 참신한 이미지로 국민의 마음을 사로잡던 케네디 대통령은 "피그만 침공 사건은 애국적인 쿠바 시민들이 일으킨 거사였고, 미국인은 이 사건과 무관하다."라고 주장하며 애써 사태를 외면했습니다. 피그만 침공의 실패로 1962년 당시 CIA 최고 책임자인 앨런 덜레스Allen Welsh Dulles 국장을 비롯한 고위 간부들이 자리에서 물러나야 했습니다.

칠레의 사회주의 정권 전복을 위한 군사 쿠데타를 조종한 CIA

1961년 4월 CIA는 카스트로 정권을 전복하려다 실패해 큰 망신을 당했지만 해외 공작 활동을 줄이거나 중단하기는커녕 더욱 적극적으로 임했습니다. 쿠바에 사회주의 정권이 들어선 지 11년 만인 1970년 칠레에 사회주의 정권이 들어서면서 미국을 긴장시켰습니다.

칠레 역시 여느 중남미 국가처럼 빈부 차이가 극심해 언제라도 사회주의 혁명이 일어날 여건이 마련되어 있었습니다. 쿠바에 피델 카스트로가 있었다면 칠레에는 살바도르 아옌데Salvador Allende가 있었습니다.

아옌데는 부유한 집안에서 태어나 유복한 어린 시절을 보내고 칠레 대학 의학부에 진학했습니다. 그는 의대 시절 의료 봉사 활동을 위해 빈민촌에 갔다가 가난한 사람들의 고통스러운 삶과 분유가 없어 굶어 죽는 어린이들을 목격하고 무척 놀랐습니다.

칠레는 세계 최대의 구리 매장 국가로서 생산된 구리는 모든 국민을 위해 사용되어야 하지만 현실은 그렇지 못했습니다. 칠레의 구리 광산 대부분이 미국, 영국 등 외국 자본 또는 칠레 기득권층의 소유였기 때문입니다. 해마다 구리 수출로 벌어들이는 막대한 달러가 칠레 국민에게 골고루 돌아가지 않고 소수 외국 자본과 기득권층에게 돌아가자 빈부 격차가 확대되면서 거리는 굶주리는 사람으로 넘쳐났습니다.

칠레 사회가 지닌 모순을 지켜본 아옌데는 의사가 되어 한정된 수의 환자만 치료하기보다는 대통령이 되어 도움의 손길이 필요한 많은 국민을 돌보기 위해 정계에 입문해 가시밭길을 걸었습니다. 1933년 그는 사회주의 실현을 이념으로

합법적인 선거로 사회주의 정권이 들어선 칠레의 위치

삼은 칠레사회당에 발을 담그면서 정치 활동을 시작했습니다. 이후 하원의원, 상원의원, 보건부 장관 등 요직을 거치는 동안 서민들을 돕기 위해 최선을 다했습니다. 1970년 대선에 도전한 아옌데는 좌파 연합 후보로 출마해 마침내 대통령에 당선되었습니다. 이는 인류 역사상 최초로 선거로 탄생한 사회주의 정권을 의미했습니다.

당시 미국의 리처드 닉슨Richard Nixon 대통령은 자신의 임기 중에 전통적인 친미 국가였던 칠레에 합법적인 사회주의 정권이 들어서자 큰 충격을 받았습니다. 아옌데는 과거 쿠바의 카스트로가 행한 것처럼 외국인 소유의 재산을 강제로 국유화하여 미국을 비롯한 서방 국가의 심기를 건드렸습니다. 더구나 아옌데가 기존의 친미주의 대신

칠레 국부의 원천인 구리 광산

칠레의 대통령이 된
사회주의자
살바도르 아옌데(오른쪽)

자주 외교를 펼치며 소련과 가까워지자 미국은 이를 더는 두고 볼 수 없었습니다. 닉슨은 CIA에 아옌데 정권을 무너뜨리도록 명령을 내렸지만 쉽지 않았습니다. 아옌데는 여느 독재 국가의 지도자와 달리 선거를 통해 집권한 대통령이었고, 게다가 국민에게 존경받는 지도자였기 때문입니다.

CIA는 아옌데가 대선 공약으로 내세운 복지 강화 정책을 실천에 옮기지 못하도록 국제 구리 가격을 폭락시키는 방법을 동원했지만 별다른 효과를 보지 못했습니다. 칠레 국민이 아옌데가 미국의 개입 때문에 복지 정책을 시행하지 못한다는 사실을 누구보다도 잘 알고 있었기 때문입니다. 이후에도 CIA는 아옌데를 무너뜨리기 위해 파업과 시위를 유도하는 등 갖가지 공작을 펼쳤지만 모두 실패로 돌아갔습니다.

궁지에 몰린 CIA는 결국 최후의 수단으로 칠레의 육군 총사령

칠레 국민의 존경을 받은 살바도르 아옌데

관인 아우구스토 피노체트_{Augusto} _{Pinochet}를 내세워 군사 쿠데타*를 계획했습니다. CIA는 피노체트에게 거액의 자금을 제공하며 쿠데타가 성공할 수 있도록 물심양면으로 거들었습니다. 평소 미국과 친분이 두터웠던 피노체트는 1973년 9월 탱크와 폭격기를 동원해 아옌데가 머물던 대통령 궁을 공격했습니다. 아옌데는 피노체트 반란군에 맞서 끝까지 싸웠지만 끝내 목숨을 잃고 말았습니다.

CIA의 공작 때문에 선거를 통해 사상 최초로 사회주의 정부를 구성한 아옌데 민주 정권이 역사의 뒤안길로 사라지면서 칠레에는 무시무시한 군부 독재의 시대가 열리게 되었습니다.

극악무도한 콘도르 작전에 개입한 CIA

1973년 9월 피노체트는 CIA의 도움으로 권좌에 오른 뒤 브라질, 아르헨티나, 볼리비아, 파라과이, 우루과이 지도자들을 설득해 콘도르 작전을 공동으로 추진했습니다. 이 국가들은 모두 군부 독재 국가

---

* 무력으로 정권을 빼앗는 일

로 친미 성향이라는 공통점이 있었습니다. 콘도르 작전이란, 1975년부터 시작된 남미 독재 국가의 정보기관이 힘을 합쳐 반정부 성향의 사회주의자를 척결하는 비밀 공작을 의미했습니다.

CIA는 콘도르 작전이 성공할 수 있도록 자금을 지원하고 나아가 이들 국가의 정보 요원을 훈련했습니다. 콘도르 작전에 참여한 국가들은 사회주의자의 위협으로부터 조국을 지킨다는 대의명분을 내세웠지만 실상은 크게 달랐습니다. 사회주의자 색출은 허울 좋은 명분이었을 뿐 독재 권력을 유지하는 데 걸림돌이 되는 사람을 모조리 잡아들여 고문하고 살해하기를 주저하지 않았습니다.

1983년 콘도르 작전이 공식적으로 종료될 때까지 6개국 정보기관은 가톨릭 성직자, 교사, 지식인, 학생, 시민운동가 등 정권 유지에 조금이라도 위협이 된다고 판단되면 대상을 가리지 않고 처형했습니다. 이때 사망한 사람만 최소 6만 명이 넘었고 3만 명 이상이 쥐도 새도 모르게 사라져 지금까지 돌아오지 못하고 있습니다. 8년이라는 기간 동안 9만 명이 넘는 사망자와 실종자가 발생한 이유는 각국 정부가 자국으로 피신한 다른 나라의 반체제 인사들을 철저히 색출해 본

미국을 등에 업고 쿠데타를 일으켜 정권을 잡은 아우구스토 피노체트

CIA가 남미에서 추진한
사회주의자 제거 작전인
콘도르

국으로 넘겨졌기 때문입니다.

남미의 극악무도한 독재자들이 힘을 합쳐 수많은 사람을 죽였습니다. 하지만 이 콘도르 작전은 각국의 정보기관이 비밀스럽게 진행했기 때문에 그 실체가 좀처럼 세상에 드러나지 않았습니다.

1992년 12월 파라과이의 수도 아순시온Asunción의 한 경찰서에서 콘도르 작전에 관한 내용이 담겨 있는 방대한 분량의 문서 더미가 발견되면서 그동안 감춰 왔던 비밀이 드러났습니다. 콘도르 작전에 동원된 정보기관이 국민을 상대로 저지른 모든 악행이 고스란히 담겨 있는 이 서류 더미에는 잔인한 내용이 많아 읽는 사람이 경악을 금치 못했습니다.

유네스코는 남미 독재자들이 인권을 짓밟은 끔찍한 역사를 잊지 않기 위해 발견된 서류 뭉치에 '공포의 문서'라는 이름을 붙여 세계 기록 유산으로 지정했습니다. 그동안 콘도르 작전에 CIA가 개입했다는 소문이 파다했지만 미국은 오리발을 내밀며 관여한 사실을 인정하지 않았습니다. 그러나 1999년 빌 클린턴 대통령은 CIA 기밀문서를 세상에 공개하며 CIA가 콘도르 작전에 깊숙이 개입한 사실을 인정하고 깊이 사죄했습니다.

피델 카스트로를 제거하기 위한 CIA의 암살 공작

1959년 중남미 지역에서 처음으로 사회주의 국가를 탄생시킨 피델 카스트로는 미국이 반드시 제거해야 할 대상이었습니다. 미국은 피그만 침공 실패 이후에도 카스트로를 제거하기 위해 CIA를 통해 암살에 나섰습니다. 카스트로는 2016년 세상을 떠날 때까지 끊임없이 암살 위협에 시달렸는데 이 중 상당 부분은 CIA가 벌인 일이었습니다.

CIA가 카스트로를 암살하기 위해 동원한 방법은 상상을 초월할 만큼 다양했습니다. 카스트로는 항상 입에 시가를 물고 다녔는데, 그 습관을 이용해 CIA는 그의 얼굴을 날려 버릴 시가 폭탄을 만들었습니다. 1960년 CIA는 카스트로의 측근을 매수해 카스트로가 뉴욕에 있는 유엔 본부를 방문했을

CIA가 벌인 숱한 암살 위기를 넘긴 피델 카스트로

때 시가 폭탄을 터뜨리려고 했지만 성공하지 못했습니다. 당시 카스트로는 일시적으로 건강이 좋지 않아 금연한 상태였기 때문입니다. 이후에도 계속해서 시가를 이용한 암살 공작을 펼친 CIA는 시가 표면에 독을 발라 암살을 꾀했습니다. 하지만 의심이 많았던 카스트로는 시가를 피우기 전에 먼저 독극물 검사를 거치도록 해 암살 위험을 피해 나갔습니다.

CIA는 카스트로가 밀크셰이크를 좋아한다는 점에 착안해 암살 작전을 시도하기도 했습니다. 카스트로가 아바나의 한 호텔을 방문한다는 정보를 입수한 CIA는 독극물을 미리 우유에 넣었는데, 독극물이 우유와 화학 반응을 일으켜 색깔이 변했습니다. 호텔 측은 우유의 색깔이 이상하다는 점을 발견하고 우유를 즉각 폐기 처분했습니다.

카스트로의 취미인 스쿠버다이빙 역시 암살의 소재로 활용되었습니다. 카스트로는 평소 잠수복을 입고 바다 밑으로 내려가 특이한 모양의 조개를 수집하는 취미가 있었습니다. CIA는 카스트로가 좋아할 만한 조개 속에 폭탄을 설치해 두었습니다. CIA의 의도대로 카스트로가 폭탄이 설치된 조개를 건드려 폭탄이 터졌지만 폭발력이 너무 약해 카스트로는 별다른 부상을 입지 않았습니다.

CIA는 암살 공작 이외에 카스트로의 위신을 깎아내리기 위한 공작에도 열을 올렸습니다. 라디오 스튜디오에 마약 성분을 뿌려 카스트로가 생방송 도중 환각 상태에 빠져 국민에게 횡설수설하는 모습을 보이게 하거나, 탈모를 촉진하는 물질을 음식에 섞어 머리카락과 수염이 빠진 추한 모습을 만들고자 했지만 모두 실패하고 말았습니다. 미국 역대 대통령 재임 당시 카스트로에 대한 암살 공작 횟수를 따져 보면 드와이트 아이젠하워 38회, 존 F. 케네디 42회, 린든 존슨 72회, 리처드 닉슨 184회, 지미 카터Jimmy Carter 64회, 로널드 레이건 197회, 빌 클린턴 21회 등 드러난 것만 600여 차례가 넘습니다.

카스트로는 2016년 세상을 떠나기 전까지 자나 깨나 암살 위협에 시달려 일상생활조차 제대로 할 수 없는 지경에 이르렀습니다. 그는 국가 지도자의 공식 숙소인 총리 관저를 비롯해 수도 아바나에만 20여 군데의 숙소를 마련해 떠돌이 생활을 해야 했습니다. 또 자신과 비슷한 외모를 지닌 사람을 선발해 대역을 시키는 등 암살을 모면하기 위해 갖은 방법을 동원했습니다.

생전에 카스트로는 언론과 한 인터뷰에서 "만약 올림픽에 암살에서 살아남기 종목이 있다면 내가 금메달을 땄을 것이다."라고 말하며 너스레를 떨었지만, 그의 일생은 불안의 나날이었습니다.

지난날을 되돌아보면 카스트로를 비롯한 수많은 반미 성향의 요인이 CIA에 암살되거나 암살 위협에 시달렸습니다. 이

외국 정상에 대한 암살 금지 명령을 내린 제럴드 포드

는 양심적인 미국인들의 반발을 불러왔습니다.

1976년 미국 제38대 대통령 제럴드 포드Gerald Ford는 미국에 위협이 되는 외국인을 암살하지 못하도록 하는 행정 명령을 발동해 정부 기관이 벌이는 살해 행위를 금지하려고 했습니다. 그렇지만 포드 대통령의 암살 금지 명령에도 불구하고 CIA의 암살 공작은 계속되었습니다.

초능력을 이용한 첩보전, 스타게이트 프로젝트

1950년대 소련의 정보기관 KGB는 미국과 벌이는 첩보전에서 우위를 차지하기 위해 골몰하던 중 과학적으로 설명이 안 되는 초능력에 관심을 가지기 시작했습니다. KGB는 일반적인 인간의 오감을 뛰어넘는 특별한 능력을 갖춘 극소수의 초능력자를 발굴하기 위해 노력했습니다.

KGB가 선발한 초능력자 중에는 먼 곳에 있는 물체를 마치 눈앞에 있는 것처럼 바라볼 수 있는 능력을 갖춘 사람을 비롯해 미래의 일을 예측할 수 있는 사람까지 포함되어 있었습니다. 소련이 정보 수집에 초능력자를 동원한다는 첩보를 입수한 CIA 역시 소련에 뒤지지 않기 위해 초능력자를 동원했습니다. 1972년 CIA는 미국 전역에서 특별한 능력을 갖춘 초능력자를 모아 군사 목적에 사용하는 '스타게이트 프로젝트'를 시작했습니다.

프로젝트에 참여한 초능력자들은 CIA 사무실에 앉아 초능력을 이용해 소련이 비밀리에 운영하는 시설을 찾아내려고 했습니다. 1972년부터 1994년까지 계속된 스타게이트 프로젝트를 통해 CIA는 적지 않은 성과를 올렸습니다. 대표적인 사례가 바로 소련이 오늘날 카자흐스탄의 세미팔라틴스크Semipalatinsk 지역에서 극비리에 운영하던 핵 연구소를 찾아낸 것입니다. CIA의 초능력자는 미국에서 수천 킬로미터나 떨어진 곳의 핵 연구소를 마치 눈앞에서 보는 것처럼 생생히 묘사했는데, 첩보 위성으로 확인한 결과 모든 것이 사실로 드러났습니다.

1973년 스타게이트 초능력자 한 명이 지구에서 무려 6억 3,000만 km나 떨어진 목성의 모습을 정확히 묘사해 관계자들을 깜짝 놀라게 했습니다. 그는 목성의 둘레를 감싸는 띠가 있다고 주장했는데, 이는 당시 과학 기술로는 확인할 수 없는 것이었습니다. 이 주장이 나

미국 역사상
최악의 테러 사건인
9·11 테러

초능력을 믿지 않았던 존 도이치

온 지 6년 만인 1979년 미국이 우주로 쏘아 올린 '보이저 1호'가 목성에 도달해 실제로 띠가 있음을 확인함으로써 초능력자의 주장이 틀리지 않았음을 증명했습니다.

스타게이트 요원 중에는 미래를 예측하는 초능력자도 있었고, 이들의 예언이 들어맞은 경우도 적지 않았습니다. 1983년에는 예지 능력을 지닌 요원 한 명이 2001년 발생할 9·11 테러를 예측했습니다. 아랍인으로 보이는 테러리스트들이 여객기를 공중 납치해 워싱턴 D.C.를 비롯한 미국 본토를 공격하는 사건을 예측했습니다. 그러나 당시 CIA는 그 예언을 대수롭지 않게 받아들였습니다. 이외에도 프로젝트 250여 개가 진행되면서 많은 정보를 얻어 냈지만 1994년을 끝으로 스타게이트 프로젝트는 중단되었습니다. 당시 신임 CIA 국장으로 임명된 과학자 출신 존 도이치John Deutch가 과학적으로 명확히 증명될 수 없는 초능력의 세계를 믿지 않았기 때문입니다.

하지만 뒷날 공개된 CIA 기밀문서에서 초능력자들이 알아낸 정보가 상당한 가치가 있었음이 알려지게 되었습니다. 이를 통해 과학적으로 증명할 수 없는 초능력의 세계가 존재할 수 있음을 알게 되었습니다.

CIA의 정보 수집 능력을 능가한 이스라엘 정보기관 모사드

CIA는 조직원 2만여 명을 두고 연간 200억 달러에 육박하는 예산을 사용하는 세계 최대의 정보기관입니다. 그렇지만 CIA를 세계 최고의 정보기관이라고 쉽게 단정할 수 없는 이유는 이스라엘의 정보기관 모사드Mossad가 있기 때문입니다. 이스라엘의 정보기관 모사드는 이스라엘이 건국된 지 1년 만인 1949년에 설립되었습니다. 신생 독립 국가 이스라엘의 지도자들은 해외 첩보의 중요성을 잘 알고 있었습니다.

당시만 하더라도 가진 것 없던 가난한 나라이던 이스라엘은 예산이 부족해 정보기관을 운영할 처지가 아니었습니다. 하지만 호시탐탐 이스라엘을 노리는 주변 아랍국들의 동태를 파악하기 위해 모사드에 적지 않은 예산을 배정했습니다. 미국의 CIA나 소련의 KGB에 비하면 푼돈에 지나지 않은 예산이었지만, 모사드는 정보 수집에서 놀라운 능력을 보여 주었습니다. 세계 각지에 흩어져 사는 유대인이 조국 이스라엘을 위해 기꺼이 정보원이 되었기 때문입니다. 중동, 북미, 유럽, 아프리카, 대양주 등 유대인이 살지 않는 곳이 없었고, 이들은 거주 국가에서 모두 상류층으로서 부와 권력을 손에 쥐고 있었습니다. 시간이 지나면서 모사드는

이스라엘의 정보 기관인 모사드

CIA를 능가하는 첩보 능력을 갖추게 되었습니다. 특히 유대인이 많이 사는 중동 지역에서는 모사드의 정보 수집 능력을 따라올 정보기관이 없었습니다. 1983년 4월 레바논의 수도 베이루트_{Beirut}에 위치한 미국 대사관에 폭탄이 가득 실린 트럭이 돌진해 63명이 목숨을 잃었습니다. 이때 대사관에 있던 CIA 요원 8명도 폭사해 CIA 창설 이래 최대의 인명 손실을 입었습니다. 같은 해 10월 베이루트에 평화유지군* 명목으로 주둔 중이던 미 해병대는 역사상 최악의 폭탄 테러를 당했습니다. 폭탄을 가득 실은 트럭이 해병대 막사를 향해 돌진해 무려 미군 241명이 목숨을 잃었습니다. 자살 폭탄 테러의 배후는 레바논의 이슬람교 시아파 교전 단체이자 정당 조직인 헤즈볼라_{Hezbollah}로 밝혀졌지만 주모자를 찾아내는 일은 쉽지 않았습니다.

레바논에 근거지를 두고 있던 헤즈볼라는 이슬람 시아파의 종주국인 이란에게서 자금 및 군수 지원을 받고 있던 무장 단체로 전투력이 막강해 함부로 건드릴 수 없었습니다.

CIA는 정보 수집 결과 헤즈볼라의 소행임을 알아냈지만 테러를 총지휘한 사령관 이마드 무그니예_{Imad Mughniyeh}의 위치를 파악하지 못해 그를 단죄할 수 없었습니다. 미국 내에서 CIA의 무능을 탓하는 여론이 들끓자 CIA는 무그니예에게 500만 달러의 현상금을 걸었습니다. 변장술에 능한 무그니예는 무려 25년 동안이나 CIA의 추적을 따

---

* 국제 연합에서 평화 유지 활동을 맡은 군대

최악의 폭탄 테러를 당한 미군

돌리며 수많은 테러를 저질렀습니다.

2008년 2월, 모사드가 시리아의 수도 다마스쿠스_{Damascus}에 숨어 있던 무그니예를 제거하는 데 성공했습니다. CIA가 25년 동안이나 해결하지 못한 일을 모사드가 이루어 낸 쾌거로 모사드의 작전 능력이 세계 최고 수준임을 증명했습니다.

CIA 역시 모사드의 정보 수집 능력을 높이 평가해 주기적으로 수집한 정보를 주고받으며 공조 체제를 만들어 갔습니다. 모사드는 미국을 경악하게 만든 9·11 테러가 발생하기 이전에 초대형 테러 가능성을 경고하며 테러리스트에 관한 자세한 정보를 제공했지만 CIA는 귀담아듣지 않았습니다. 하지만 결국 2001년 9월 11일, 사상 최초로 미국 본토에서 폭탄 테러가 자행되었습니다.

살라메 암살 사건으로 충돌한 CIA와 모사드

1967년 이스라엘 주변의 아랍 국가가 힘을 합쳐 이스라엘을 공격했지만 결과는 아랍 국가의 패배였습니다. 이를 계기로 이스라엘과 원수 관계에 있던 아랍 민족은 국가 대 국가 간의 정규전으로는 승산이 없다는 사실을 깨닫고 테러전을 선택했습니다.

1948년 이스라엘 건국 이후 유대인에게 땅을 빼앗긴 팔레스타인 사람들의 분노는 하늘을 찔렀습니다. 이들은 PLO_{팔레스타인해방기구}라는 단체를 만들어 이스라엘과 대항하는 투쟁에 나섰습니다. PLO는 전 세계에 자신들의 존재를 각인시키기 위해 초대형 테러를 기획했습니다.

1972년 9월 제20회 하계올림픽이 독일의 뮌헨에서 개최되었는데, 여기에 PLO 소속 무장 테러 조직인 '검은 9월단'이 등장해 세계가 보는 앞에서 이스라엘 선수단을 대상으로 극악무도한 테러를 저질렀

뮌헨올림픽 테러 희생자들

습니다. 자동 소총과 수류탄
으로 무장한 검은 9월단 단
원 8명은 이스라엘 선수단
이 머물고 있던 숙소에 침입
했고 선수와 코치 11명을 살
해했습니다. 테러 사건은 방
송을 통해 전 세계에 생중계
되어 이를 지켜본 사람들은
큰 충격을 받았습니다.

뮌헨 올림픽 테러의 주범 알리 하산 살라메

　모사드는 '신의 분노'라는 작전에 돌입해 검은 9월단과 그 배후 조
직을 처단하기 위해 나섰습니다. 모사드는 세계적인 정보기관답게 뮌
헨 올림픽 테러와 연관된 사람 대부분을 제거하는 데 성공했지만 테
러 계획을 세운 검은 9월단의 두목 알리 하산 살라메Ali Hassan Salameh는
처단하지 못하고 있었습니다.

　1973년 7월 모사드는 영국 런던에서 살라메를 제거할 기회를 잡
았지만 미국 CIA의 방해 공작으로 뜻을 이루지 못했습니다. 미국은
국익을 위해 CIA와 협력 관계를 유지하고 있던 살라메를 보호하려
고 했습니다. 살라메는 미국인에게 테러를 가하지 않겠다는 조건을
내세워 CIA로부터 막대한 돈과 함께 신변 보호까지 받았습니다.

　그동안 미국과 이스라엘이 형제 국가로서 좋은 관계를 맺고 있었
기 때문에 CIA의 방해 공작은 이스라엘에게 큰 충격을 주었습니다.
이스라엘은 미국 측에 테러범 살라메와 관계를 끊을 것을 요구했지

만 거절당했습니다. 미국은 중동 지역에서 활동하는 자국민의 안전을 위해 살라메를 포기할 생각이 없었습니다. 이에 분노한 이스라엘은 지구 끝까지 따라가서라도 살라메를 살해하도록 모사드에 명령했습니다.

1979년 모사드는 레바논의 베이루트에 살라메가 살고 있다는 정보를 접하고 그를 살해하기 위한 계획을 세웠습니다. 폭탄을 실은 모사드의 차량이 살라메가 타고 있던 차량 옆에서 폭발해 그는 폭사했습니다. 그동안 CIA의 비호를 받으며 모사드의 추적을 피해 다니던 살라메가 죽음으로써 6년 동안 계속된 모사드의 '신의 분노' 작전은 막을 내렸습니다. 하지만 살라메 암살 사건을 계기로 모사드와 CIA의 관계가 급속히 냉각되면서 양국의 공조 관계에 금이 가게 되었습니다.

고국 이스라엘을 위해 정보를 빼돌린 조너선 폴라드 사건

미국이 '유대인의 발명품'이라 불릴 만큼 유대인은 미국의 발전을 위해 큰 공헌을 했습니다. 미국의 정치인이 막강한 경제력을 지닌 유대인에게 잘 보이기 위해서 기를 쓰고 노력할 정도로 미국은 유대인의 좋은 안식처입니다.

미국은 이민자의 나라이기 때문에 모든 국민은 그들이 떠나온 고국이 있습니다. 고국을 그리워하는 마음은 민족마다 조금씩 다르지만 유대인의 이스라엘에 대한 애정은 단연 으뜸입니다. 그런데 미국

모사드에 포섭된
조너선 폴라드

유대인의 이스라엘에 대한 지나친 사랑은 종종 양국 간에 큰 문제를
일으키기도 합니다.

조너선 폴라드Jonathan Pollard는 1954년 텍사스주에서 태어난 유대인
으로 스탠퍼드 대학을 졸업한 엘리트입니다. 어릴 적부터 고국에 대
한 애정이 남달랐던 그는 세계 최대의 정보기관 CIA에 들어가 이스
라엘을 도우려고 했지만 입사 심사에서 탈락하고 말았습니다. 차선
책으로 1979년 해군정보처에 들어가 해군 정보 요원이 전 세계에서
수집한 온갖 정보를 분석하는 일을 담당했습니다.

1984년 폴라드는 주미 이스라엘 대사관에 이스라엘을 위해 자신
이 수집한 고급 정보를 넘기기 시작했습니다. 중동 지역에서 활동하
고 있는 미국 스파이 명단, 이스라엘과 적대 관계에 있던 이라크의
생화학 무기 개발 현황, 파키스탄의 핵무기 개발 현황 등 그동안 이
스라엘 정부가 알고 싶어 한 수많은 특급 정보를 아낌없이 제공했습

미국 주재 이스라엘 대사관

니다.

그의 행동을 수상하게 여긴 동료가 FBI에 신고하면서 폴라드는 꼬리를 밟히게 되었습니다. FBI는 폴라드가 정보를 유출하고 있다는 심증은 있었지만 확실한 물증이 없어 그를 처벌할 수 없었습니다. 이듬해인 1985년 11월, 수사 당국의 포위망이 좁혀 오자 폴라드는 특급 기밀문서를 들고 워싱턴 D.C.에 있는 주미 이스라엘 대사관으로 도망쳤습니다. 그동안 이스라엘 대사관 측이 폴라드의 신변에 문제가 생기면 기꺼이 보호해 주겠다고 약속했기 때문입니다.

이스라엘 대사관은 워싱턴 D.C.에 있더라도 국제법상 엄연히 이스라엘 영토로 간주되기 때문에 FBI는 대사관으로 들어간 폴라드를 체포할 수 없었습니다. 그런데 예상 밖으로 이스라엘 대사관 측은 폴라드를 보호해 주기는커녕 밖으로 내쳤습니다. 폴라드는 대사관 밖에서 기다리고 있던 FBI 요원에게 체포되었고 그의 가방 속에 있던 기밀문서는 명백한 유죄의 증거가 되었습니다. 이스라엘에 특급 기밀을 넘긴 것은 간첩죄이며 최대 사형까지 받을 수 있는 중범죄였습니다.

　그동안 이스라엘은 유대인을 보호하기 위해서라면 물불을 가리지 않았지만 이번에는 달랐습니다. 만약 이스라엘 대사관이 폴라드를 정치 망명자로 받아들여 이스라엘로 보낸다면 미국과의 관계가 최악으로 치달을 것이 불을 보듯 뻔했기 때문입니다. 이스라엘이 아무리 강하더라도 미국의 보호가 없으면 호시탐탐 침략을 노리는 주변의 아랍 국가들을 상대하기란 쉬운 일이 아니었습니다. 또한 이스라엘은 폴라드를 이스라엘로 데려올 경우 미국 내 유대인이 겪어야 할 고통을 생각하지 않을 수 없었습니다. 역사를 돌이켜 보면 유대인은 정착한 곳마다 모진 박해를 받았는데, 그 이유 중 하나가 현지인과의 불화였습니다. 유대인은 동족 의식이 너무 강해 현지인에게서 이방인 취급을 받았습니다. 미국의 유대인 역시 먼저 정착한 유럽인에게서 차별을 받았지만, 부단한 노력으로 고난을 극복하고 주류 사회에 편입할 수 있었습니다.

　하지만 폴라드가 미국 법정에서 반역죄로 처벌받지 않고 이스라엘을 활보하고 다닌다면 미국 유대인 전체가 믿을 수 없는 집단으로 매도당할 처지가 될 상황이었습니다. 이 같은 문제를 방지하기 위해 이스라엘은 폴라드를 미국에게 넘겼습니다. 그렇다고 이스라엘이 폴라드를 완전히 버린 것은 아니었습니다. 폴라드가 어떤 처벌을 받게 되더라도 미국 대통령을 설득해 그를 특별 사면으로 빼내려는 계획을 세웠습니다. 이스라엘은 막강한 영향력을 지닌 미국 유대인들이 정치권에 압박을 가하면 폴라드를 구하는 데 별다른 문제가 없을 것이라는 희망을 품었습니다.

결국, 1987년에 폴라드는 간첩죄로 종신형을 선고받았습니다. 폴라드가 구속되고 사태가 잠잠해지자 이스라엘 정부와 미국 유대인이 움직이기 시작했습니다. 이스라엘 총리와 유대인 실력자들은 미국 대통령을 상대로 폴라드의 특별 사면을 요청했습니다. 폴라드 사건 이후 대통령이 된 빌 클린턴은 이스라엘과의 우호 관계를 위해 폴라드를 특별 사면하려고 했지만 CIA의 강력한 반대에 부딪혀 뜻을 접어야 했습니다.

당시 CIA 총책임자인 조지 테닛 George J. Tenet 은 클린턴에게 "폴라드를 석방하면 CIA 국장직에서 즉각 물러나겠다."라며 배수진을 쳤습니다. 이후 권좌에 오른 모든 미국 대통령이 폴라드를 풀어 주려고 했지만 그때마다 CIA의 극심한 반대에 부딪쳐 특별 사면령을 내릴 수 없었습니다.

CIA가 폴라드의 석방을 강력히 반대한 것은 그만큼 그의 죄가 컸기 때문입니다. 폴라드는 미국 역사상 가장 짧은 시간에 가장 많은 특급 기밀을 빼돌린 최악의 반역자였습니다. 그가 유출한 기밀 때문에 CIA는 큰 피해를 보았습니다. 폴라드는 중동 지역과 동유럽에서 활동하는 CIA 요원 명단, 미국 잠수함의 운용 현황 등 수많은 정보를

조너선 폴라드의 석방을
막은 CIA 국장 조지 테닛

이스라엘로 넘겼는데, 문제는 이 정보가 소련으로 흘러갔다는 점입니다. 이스라엘은 소련에서 심한 차별과 박해 속에 살고 있는 유대인을 이스라엘로 데려오기 위해 폴라드가 제공한 정보를 소련에 넘겼습니다. 이로 인해 정보 수집 활동에 막대한 피해를 본 CIA는 폴라드의 석방을 결사 반대했습니다.

스파이 행위에 대해 관대한 처벌을 내리면 다민족 국가인 미국이 존립할 수 없는 상황으로 내몰릴 수 있다고 생각했습니다. 미국에서 이민자들이 저마다 고국을 위해 정보를 빼돌린다면 미국이 제대로 돌아갈 리 만무했기 때문입니다. 폴라드를 확실히 처벌함으로써 비슷한 사건의 재발을 막으려는 것이 CIA의 판단이었습니다.

2015년 폴라드는 구속된 지 30년 만에 버락 오바마Barack Obama 대통령의 특별 사면으로 세상에 다시 나왔습니다. 이스라엘은 젊음을 교도소에서 날려 버린 폴라드를 돕기 위해 이스라엘로 데려오려고 했지만 미국이 이를 허락하지 않았습니다. 미국과 이스라엘은 둘도 없

는 우방국이지만 국익을 두고 벌이는 첩보 전쟁에서는 한 치의 양보
도 없음이 폴라드 사건을 통해 세상에 드러났습니다.

CIA를 뒤흔든 이중 스파이 사건

1962년 올드리치 에임스Aldrich Ames 는 CIA 간부였던 아버지의 도움
으로 낙타가 바늘구멍 들어가기만큼 어렵다는 CIA에 들어가 승진을
거듭했습니다. 에임스는 1983년에 CIA 멕시코 지부로 발령받아 스
파이 노릇을 하게 되었는데, 그곳에서 마리아 델 로사리오 카사스Maria
del Rosario Casas라는 여성과 사랑에 빠졌습니다.

카사스는 평범한 여성이 아니라 사회주의 쿠바의 정보기관인 비밀

CIA 동료들을 배신한 이중 스파이 올드리치 에임스(오른쪽 남자)

첩보국 요원으로서 미인계를 활용해 에임스를 포섭하는 데 성공했습니다. 에임스는 기혼이었지만 처자식을 버리고 카사스와 재혼했습니다. 이후 에임스는 카사스에게 포섭되어 소련의 정보기관 KGB에 국가 기밀을 넘기는 이중 스파이가 되었습니다. 그는 정보를 넘기는 대가로 거액을 요구했지만, 당시 그가 근무하던 부서가 소련과는 관계가 없어 KGB에 큰 도움이 되지는 않았습니다.

그런데도 KGB는 거액을 제공하며 때가 오기만을 기다렸습니다. 언젠가 에임스가 요직에 오르면 그동안 투자한 돈 이상의 가치 있는 정보를 뽑아낼 수 있다고 생각했기 때문입니다. 운 좋게도 에임스는 KGB에 포섭된 지 1년여 만에 소련 담당 부서의 책임자로 승진해 본격적으로 소련 관련 특급 기밀을 유출했습니다.

에임스는 CIA가 오랜 기간 구축한 소련 내 첩보망에 대한 정보를 KGB에 제공했습니다. 이후 통제 국가 소련에서 생명의 위협을 무릅쓰고 미국을 위해 일하던 CIA 요원과 소련 내 CIA 협력자들이 KGB에 의해 아무도 모르게 한 명씩 제거되었습니다.

한편, 미국 국내 조사 기관인 FBI는 오랫동안 공을 들여 미국 주재 소련 대사관에서 근무하는 고위직 외교관 두 명을 포섭하는 데 성공했습니다. FBI는 이러한 사실을 CIA에 알렸습니다. 이후 에임스가 관련 정보를 KGB에 제공하는 바람에 FBI에 포섭된 소련 외교관들은 본국으로 소환되어 사형에 처해졌습니다.

예전에는 상상도 할 수 없는 일이 계속 일어나자 CIA 지도부는 조직 내에 이중 스파이가 있을지도 모른다고 생각하였습니다. 지도부

CIA 역사상 최악의 이중 첩자로 발각되어
중형을 받은 올드리치 에임스

는 이중 스파이를 색출하기 위해 소련 담당 부서 요원을 대상으로 철저한 조사를 했지만 이중 스파이를 잡아내지 못했습니다. 에임스는 거짓말 탐지기까지 무사히 통과하는 재주를 발휘하며 꼬리를 잡히지 않았습니다. 그는 계속해서 KGB에 국가 기밀을 제공해 수백만 달러가 넘는 돈을 챙기며 호화로운 생활을 즐겼습니다.

CIA는 연봉 6만 달러를 받는 공무원인 에임스가 대저택을 소유하고 고급 승용차를 타고 다니는 점을 의심해 그의 뒤를 밟기 시작했습니다. 1994년 CIA는 수년간의 추적 끝에 에임스가 집 근처 우체통을 이용해 KGB에 기밀을 넘기는 사실을 확인했습니다. 이후 CIA의 강도 높은 심문을 받은 에임스는 자신이 이중 스파이라는 사실을 실토했습니다. 에임스는 은퇴한 뒤 소련으로 망명할 예정이었고, KGB는 그에게 안락한 노후 생활을 제공하기로 약속한 상태였습니다.

에임스의 배반으로 10여 명에 이르는 CIA 요원과 소련인 협력자들이 처형당하고, 기존 첩보망이 완전히 와해하는 바람에 CIA는 오랜 기간 소련에 관한 정보를 얻지 못해 곤란을 겪게 되었습니다.

9·11 테러로 재기의 기회를 잡은 CIA

2001년 9월 11일 오전 사우디아라비아와 이집트 출신 테러리스트들이 민간 여객기를 공중 납치해 뉴욕의 세계무역센터, 워싱턴의 국방부 청사를 공격하는 사건이 일어났습니다. 이른바 '9·11 테러'로 불린 이 사건으로 3,000여 명의 인명 피해가 발생하고, 경제적 피해는 계산할 수 없을 정도로 막대했습니다. 미국 국민 사이에 9·11 테러의 배후를 색출해 처벌해야 한다는 여론이 들끓자 CIA의 역할이 중요해졌습니다.

CIA는 냉전 기간에 소련과 벌인 첩보 전쟁을 위해 꼭 필요한 조직이었지만 1991년 소련이 역사의 뒤안길로 사라진 이후에는 필요성이 크게 줄었습니다. 이후 예산과 조직이 줄어들면서 CIA의 영향력은 예전만 못하게 되었습니다. 더구나 올드리치 에임스의 이중 스파이 사건으로 CIA가 무능하고 부패한 집단으로 비춰지게 되면서 CIA 요원이 되려는 엘리트 지원자도 줄어들었습니다.

CIA가 막다른 골목에 몰렸을 때 9·11 테러 사건이 터지면서 CIA는 테러와의 전쟁을 통해 재기의 발판을 마련할 수 있게 되었습니다. CIA는 9·11 테러를 설계

9·11 테러를 주도한 오사마 빈 라덴

한 오사마 빈 라덴Osama bin Laden의 제거 작전에 나섰습니다. CIA 요원 7명이 비밀공작 팀으로 선발되어 사건 발생 15일 만에 빈 라덴이 있던 아프가니스탄으로 들어갔습니다.

당시 아프가니스탄은 이슬람 원리주의 단체인 탈레반Taliban이 지배하고 있었습니다. 이들은 미국을 혐오하는 극단적인 반미주의자였습니다. 따라서 CIA 요원 7명이 탈레반 전사가 득실거리는 아프가니스탄으로 들어가는 것은 목숨을 내놓는 위험천만한 일이었습니다. 이들은 파슈토어, 다리어 등 현지 부족이 사용하는 언어에도 능통한 사람들로, 아프가니스탄에 잠입해 탈레반 반대 세력과 힘을 합쳐 오사마 빈 라덴을 제거하고자 했습니다.

CIA는 아프가니스탄 북부 지역 부족들이 탈레반과 내전을 벌이고 있는 틈을 이용하기로 했습니다. 이를 위해 비밀공작 팀은 현금 수백만 달러를 부족장에게 뿌렸습니다. 거액의 돈을 받은 부족장들은 미국 편이 되어 CIA의 활동을 도왔습니다. 비밀공작 팀은 위성 통신 전화를 이용해 미국에 있는 작전 본부와 실시간으로 연락하면서 아프가니스탄의 상황을 상세히 전했습니다.

비밀공작 팀을 돕기 위해 CIA 요원들과 최정예 미군 특수 부대가 아프가니스탄에 투입되면서 오사마 빈 라덴 제거 작전은 활기를 띠게 되었습니다. 비밀공작 팀이 아프가니스탄에 첫발을 내디딘 지 90일 만에 미국이 수도 카불Kabul을 점령하자 신변에 위협을 느낀 빈 라덴은 측근들과 함께 잠적했습니다. 빈 라덴은 아프가니스탄과 파키스탄 접경지대인 해발 고도가 3,000m 넘는 험준한 토라 보라Tora Bora

아프가니스탄 침공에 나선 미군 특수 부대

산악 지대로 도망쳤습니다. 하지만 CIA는 추적 끝에 빈 라덴의 은신
처를 찾아내는 데 성공했습니다.

비밀공작 팀과 동행해 오사마 빈 라덴을 제거하려던 현지 부족은
갑자기 마음을 바꿔 공격에 가담하지 않겠다고 했습니다. 그들은 비
밀공작 팀의 앞을 가로막으며 오사마 빈 라덴에 대한 공격에 나설 경
우 모두 살해하겠다는 협박까지 했습니다. 수적 열세에 있던 비밀공
작 팀은 눈앞에 있던 오사마 빈 라덴을 공격하지 못했습니다. 대신
CIA의 요청에 따라 미군이 그의 은신처에 폭탄을 쏟아부었습니다.
하지만 운 좋게도 살아남은 오사마 빈 라덴은 이후 CIA의 감시망에
서 사라졌습니다.

CIA의 오사마 빈 라덴 제거 작전

오사마 빈 라덴이 잠적하자 CIA는 그를 색출하기 위해 전력을 기울였습니다. 조지 W. 부시George W. Bush 대통령은 미국의 적인 오사마 빈 라덴과 테러 조직 알카에다*를 뿌리 뽑기 위해 CIA에 힘을 실어 주었습니다.

1975년에 미국 의회가 그동안 CIA가 저질러 왔던 암살 공작을 폭로하고 이듬해 제럴드 포드 대통령이 요인 암살 금지 명령을 내리면서 CIA의 활동 영역이 크게 제약되었습니다. 하지만 부시 대통령은 그 제한을 풀어 주었습니다. 이에 CIA는 미국에 위협이 되는 테러리스트를 합법적으로 제거할 수 있게 되었습니다.

세계 최대 정보기관인 CIA에게도 테러 집단과 벌이는 전쟁은 쉬운 일이 아니었습니다. 국가 형태로 존재하지 않는 알카에다는 과거 소련처럼 눈에 확연히 드러나는 조직이 아니었기 때문입니다. 알카에다의 조직원과 협력자는 신분을 숨긴 채 아랍을 비롯해 아프리카, 아시아, 유럽 등 세계 각지에 흩어져 있었습니다.

CIA는 오사마 빈 라덴과 알카에다 조직원을 색출하기 위해 납치와 고문 등 거의 모든 방법을 동원했습니다. 알카에다 조직원으로 의심되거나 오사마 빈 라덴의 소재를 알고 있을 만한 사람들을 납치해 '블랙사이트'라는 CIA의 비밀 감옥에 가두고 모진 고문을 가했습니

---

* 오사마 빈 라덴이 만든 국제 테러 조직

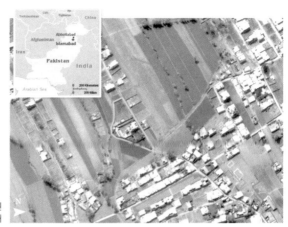

CIA 첩보 위성에 포착된
오사마 빈 라덴의 은신처

다. 세계 곳곳에 만든 블랙사이트에서 행해진 고문은 종류도 다양하고 수법도 잔혹했습니다. 구타는 기본이고 잠 안 재우기, 물고문, 항문으로 물과 음식물 투입하기, 작은 상자에 가두기, 냉동실에 집어넣고 찬물 뿌리기 등 인간에게 줄 수 있는 모든 고통을 테러 용의자로 의심되는 사람에게 가했습니다.

CIA의 가혹 행위가 세상에 알려지자 미국을 비롯한 전 세계에서 비난의 여론이 일었습니다. 하지만 CIA는 '선진 심문 프로그램'이라고 주장하며 고문을 계속해 나갔습니다. CIA는 테러 용의자의 인권보다 수많은 생명을 앗은 오사마 빈 라덴과 알카에다에 대한 가혹한 응징을 더 중요하게 생각했기 때문입니다.

CIA는 오사마 빈 라덴의 소재 파악에 전력해 2011년 마침내 그가 있는 곳을 찾아냈습니다. 그는 토라 보라 산악 지대의 깊은 곳에 숨

오사마 빈 라덴 제거 작전을 지켜보는 버락 오바마 대통령과 참모들

어 있을 것이라는 전문가의 예상을 깨고 파키스탄의 도시 아보타바드Abbottabad의 대저택에서 살고 있었습니다.

2011년 5월 2일, CIA의 지휘 아래 미국 해군의 최정예 엘리트 특수 부대인 네이비 씰 대원 24명이 헬리콥터 2대에 탑승해 오사마 빈 라덴의 저택을 급습했습니다. 네이비 씰은 40여 분간의 교전 끝에 오사마 빈 라덴을 사살했습니다. 이후 시신은 공해상*에서 대기 중이던 항공모함 칼 빈슨Carl Vinson호로 옮겨져 무거운 추를 단 채 바다에 버려졌기 때문에 아무도 찾을 수 없게 되었습니다.

미국 정부가 오사마 빈 라덴을 법정에 세우지 않고 현장에서 사살

---

* 어느 나라의 주권에도 속하지 않으며 모든 나라가 공통으로 사용할 수 있는 바다의 위

한 이유는 재판이 진행되는 동안에 일어날지 모르는 추가 테러 위협 때문이었습니다. 알카에다는 수장인 그를 살리기 위해 수단과 방법을 가리지 않고 테러를 벌일 것이고, 그럴 경우 미국이 입게 될 손해가 막대하다고 판단해 그를 현장에서 사살한 것입니다.

또한 오사마 빈 라덴의 시신을 땅에 묻을 경우 그곳이 테러리스트의 성지가 될 수도 있기 때문에 아무도 찾을 수 없는 바닷속에 그를 수장한 것입니다. 9·11 테러가 발생한 지 10년 만에 테러를 주도한 오사마 빈 라덴은 싸늘한 주검이 되어 바다 밑에 갇히는 신세가 되었습니다. 하지만 테러 조직 알카에다는 계속해서 테러를 일으키며 미국을 골치 아프게 했습니다. CIA는 알카에다 조직을 뿌리 뽑기 위한 특별한 대책을 마련해야 했습니다.

CIA의 군사 조직화, 드론을 이용한 무인 공습

CIA의 설립 목적은 해외 정보 수집입니다. 국내 정보 수집은 FBI가 담당하고 전쟁이 벌어지면 미군이 나섭니다. 하지만 9·11 테러 이후 알카에다 같은 국제 테러 집단이 미국의 주적으로 부상하면서 이전처럼 국가 안보 업무를 분담해서는 적을 효과적으로 제압할 수 없게 되었습니다. 이에 CIA는 군사 조직화해 테러리스트를 상대로 직접 군사 작전을 수행하기 시작했습니다. 이때 CIA가 적극적으로 활용한 것이 무인 조종기 드론이었습니다.

아프가니스탄이나 파키스탄에 있는 CIA 비밀 기지에서 출격한 드론을 수천 킬로미터나 떨어진 버지니아주 랭글리_{Langley}에 있는 CIA 본부에서 통제했습니다. CIA 요원은 모니터로 드론의 움직임을 관찰하면서 적이 발견되면 미사일을 발사해 공격했습니다. CIA 소속 드론 조종사가 마치 컴퓨터 게임을 하는 것처럼 적을 향해 발사 버튼을 누르면 모든 일이 끝납니다.

드론 공격은 생각보다 장점이 많습니다.

첫째, 비용이 적게 듭니다. 테러범을 제거하기 위해 거대한 폭격기를 띄울 경우 비용이 많이 드는 것에 비해 드론은 유지 비용이 많이 들지 않습니다.

둘째, 조종사를 잃을 염려가 없습니다. 숙련된 전투기 조종사를 육성하려면 수백만 달러의 돈과 많은 시간이 필요합니다. 그런데 작전 도중 전투기가 격추되거나 조종사가 적의 포로가 되면 미국 정부는

미국 버지니아주 랭글리에 위치한 CIA 본부

큰 손해를 입게 됩니다. 그러나 드론은 격추되더라도 조종사를 잃는 문제가 발생하지 않을 뿐 아니라 드론 조종사를 양성하는 데 드는 비용이 실제 전투기 조종사를 육성하는 비용보다 훨씬 적게 들어가 경제적입니다.

셋째, 테러범을 잡아 구금하는 것보다 죽이는 것이 효율적입니다. 테러범을 체포해 구금할 경우 이들을 먹여 살리기 위해 들어가는 연간 유지비가 1인당 수만 달러에 이르며 추가 테러의 위험성도 있습니다. 하지만 아예 죽이면 추가 테러의 위험과 비용 문제로부터 자유롭습니다. 이처럼 드론은 여러 면에서 장점이 많은 기계이기 때문에 CIA는 드론을 이용해 테러 용의자 수천 명을 사살했습니다.

드론 운용에 장점만 있는 것은 아닙니다. CIA 소속 드론 조종사 중 적지 않은 사람이 아침부터 저녁까지 모니터에 앉아 사람을 죽이는

적을 찾아내 사살하는 드론 조종사

CIA가 테러리스트 공격에 동원한 드론

일을 하면서 고통받습니다. 정신적 고통을 견디지 못한 드론 조종사가 조직을 떠나는 경우가 많아지면서 CIA 지휘부의 고민은 깊어졌습니다. 더구나 테러 용의자가 아닌 애꿎은 사람이 살해되는 경우가 생기면서 문제가 불거졌습니다. 드론 조종사는 테러 용의자가 차를 타고 이동할 때 차 안에 누가 있는지 정확히 확인할 수 없어 무조건 미사일을 발사합니다. 이때 테러와 무관한 사람이 함께 죽는 경우가 많았습니다.

이처럼 드론의 활용은 무고한 인명 살상이라는 부작용이 있지만 장점이 주는 매력 때문에 더욱 확대되고 있습니다. 드론의 잘못된 폭격으로 무고한 희생자가 계속 발생하자 인권 단체가 들고일어나 미국에 드론을 이용한 공습 중단을 요구했지만 허사였습니다. 평화주의자 버락 오바마 대통령도 "드론 공격 작전이야말로 미군의 목숨을 지키는 최상의 방법이다."라고 말하며 드론 사용을 고집했습니다. CIA가 드론 부대를 운영하면서 적극적으로 살인 행위를 계속하자

'해외 정보 수집 기관이 살인 집단으로 변질되었다.'라는 비난을 면치 못하게 되었습니다.

순직한 CIA 요원을 추모하는 추모의 벽

1990년대 이전 냉전 기간에 CIA는 백인 남자 일색이었습니다. 그러나 21세기 들어 미국을 위협하는 세력이 다양해지면서 2만 명이 넘는 CIA 요원의 구성도 다양해졌습니다. CIA는 테러와 벌이는 전쟁을 치르기 위해 아랍어와 아랍 문화에 능통한 요원이 필요해졌습니다. 또 최근 들어 강력해진 국력을 무기로 사사건건 미국과 충돌하는 중국을 견제하기 위해 중국어와 중국 문화에 조예가 깊은 요원도 필요해졌습니다. 이들 지역에 백인 남자 요원을 침투시킨다면 인종이 달라 주위의 시선을 받게 되고 이는 첩보 활동에 결정적인 걸림돌이 될 수 있습니다.

미국은 다민족 국가이다 보니 다른 나라에 비해 훨씬 쉽게 CIA가 원하는 요원을 채용할 수 있다는 장점이 있습니다. 미국에서 태어나 미국에 충성하는 아랍계·중국계 요원을 현지에 파견하면 무리 없이 첩보 활동을 할 수 있습니다. 이들은 미국 문화뿐 아니라 현지 문화에도 익숙해 적응하는 데 긴 시간이 필요하지 않습니다. 하지만 1947년 창설 당시나 지금이나 첩보 활동은 목숨을 걸어야 하는 위험한 일이라는 사실에는 변함이 없습니다.

실제로 세계 곳곳을 누비는 CIA 요원 중 공작 활동을 하다가 목숨을 잃거나 크게 다치는 사람이 해마다 발생하고 있습니다. CIA 요원이 활동하는 미국의 적국에서도 강력한 정보기관을 운영하며 CIA를 견제하기 때문입니다. 버지니아주 CIA 본부의 중앙 홀에는 임무 수행 중 순직한 요원을 기리기 위한 '추모의 벽CIA Memorial Wall'이 있습니다. 1947년 창설 이후 CIA는 요원이 작전 도중 순직할 때마다 그들을 기리기 위해 이 벽에 검은 별을 하나씩 새겨 넣었습니다. 반짝이는 황금 별 대신 검은 별을 새긴 것은 죽어서도 신분이나 업적을 드러낼 수 없는 존재이기 때문입니다.

'추모의 벽' 한가운데는 '명예의 책'이 있습니다. 이 책에는 CIA 요원들의 순직 연도와 이름이 적혀 있습니다. 세월이 흘러 보안의 필요성이 사라지게 되면 명예의 책에 순직 연도와 순직자의 이름을 적습니다. 이름을 복원하는 것은 CIA 조직이 순직한 요원을 위해 할 수 있는 마지막 예우입니다.

순직한 CIA 요원을 기리는 추모의 벽

작전 중 목숨을 잃은 CIA 요원의 이름을 적은 명예의 책

1983년 레바논의 베이루트에서 발생한 미국 대사관 폭탄 테러 사건에서 CIA 요원 8명이 폭사해 그해 추모의 벽에 검은 별 8개가 새겨졌습니다. 이는 CIA 역사상 최악의 인명 피해였습니다.

2009년 12월 30일 아프가니스탄의 CIA 비밀 기지에서 자살 폭탄 테러가 발생해 요원 7명이 폭사하는 사태가 발생했습니다. 이날 알 카에다의 고위 간부 한 명이 오사마 빈 라덴의 은신처를 알려 주겠다고 제안해 CIA 요원은 흥분한 상태였습니다. 하지만 그는 온몸에 초강력 폭탄을 두르고 나타나 요원 7명을 폭사시켰습니다.

CIA는 국가적 비밀 첩보 활동을 하는 기관으로 특수 정보 수집 외에 여러 가지 특수 공작을 수행합니다. 따라서 CIA 요원은 임무 수행 도중에 어떤 직업군보다 목숨을 잃을 위험도가 높습니다. 또한 공무원 신분이기 때문에 일반 기업보다 연봉이 적습니다. 그런데도 국가에 보탬이 되려는 애국심이 투철한 젊은이들이 넘쳐나 CIA는 최고의 인재로 구성된 정보기관으로 오늘날에도 명성을 떨치고 있습니다.

영화의 단골 소재인
CIA

CIA는 미국의 국익을 지키기 위해 음지에서 목숨을 걸고 일하는 만큼 할리우드 영화의 단골 소재로 등장한다. 1996년 처음 선보인 영화 〈미션 임파서블〉은 당대 최고 스타 톰 크루즈가 위험한 연기를 스턴트맨을 쓰지 않고 직접 감당하면서 신선한 충격을 주었다. 또 영화 속에서 선보인 CIA의 작전용 첨단 장비는 보는 재미를 더해 주었다. 다양한 볼거리 덕분에 〈미션 임파서블〉은 20여 년간 시리즈를 제작하며, 편마다 막대한 흥행 수입을 올렸다. 그러나 세계를 무대로 첩보 활동을 하는 CIA 요원의 삶은 〈미션 임파서블〉처럼 화려하거나 멋지기는커녕 죽음과 더 친할 정도로 위험천만하다.

2013년 개봉한 영화 〈제로 다크 서티〉는 흥행에는 실패했지만 실화를 바탕으로 험난한 인생을 사는 CIA 요원의 모습을 있는 그대로 보여 준 수작이다. 영화 속 여성 CIA 요원 마야는 실제 오사마 빈 라덴을 추적했던 여성 요원을 모델로 한다. 마야는 고등학교를 졸업하자마자 CIA에 들어와 10년 이상 오사마 빈 라덴을 추적한다. 역사상 최초로 미국 본토가 공격받는 9·11 테러 사건이 터지자 미국 정부는 테러의 주범인 오사마 빈 라덴을 처단하기 위해 총력을 기울인다. 이를 위해 가장 유능한 CIA 요원을 파키스탄으로 보낸다.

당시 오사마 빈 라덴이 파키스탄과 아프가니스탄 국경에 걸쳐 있는 험준한 산맥에 몸을 숨기고 있다는 소문이 돌았기 때문에 파키스탄은 그를 잡기 위한 최전선이었다. 그러나 파키스탄은 극심한 반미 국가이자 알카에다 같은 테러 조직이 활개를 치던 곳으로 언제라도 테러리스트의 공격을 받을 수 있는 위험천만한 곳이었다. 마야 요원은 무고한 미국인 수천 명을 죽음으로 몰아넣은 오사마 빈 라덴을 응징해야 한다는 신념으로 밤낮없이 열심히 일한 끝에 2011년 마침내 그가 숨은 곳을 알아낸다.

파키스탄을 휘젓고 다니는 백인 여성 마야는 알카에다의 표적이 되어 죽을 위기를 수차례 넘긴다. 하지만 누구도 그녀의 집념을 막을 수는 없었다. 마야는 특수 부대를 투입해 오사마 빈 라덴을 잡아야 한다고 상부에 보고했지만 CIA 간부는 선뜻 체포 작전을 시행할 수 없었다. 파키스탄은 미국과 사이가 좋은 나라가 아니었기 때문에 파키스탄의 허락을 받지 않고 군사 작전을 벌였다가는 미국 특수 부대가 파키스탄군에 의해 몰살당할 수 있기 때문이다.

만약 파키스탄의 승인을 받기 위해 오사마 빈 라덴의 은신처를 통보할 경우 파키스탄 내에 있는 수많은 알카에다 끄나풀의 귀에 들어가 작전은 시도조차 하지 못하게 될 것이 뻔했다. CIA 간부들이 망설이자 마야는 끊임없이 작전의 필요성을 역설했다. 마침내 오사마 빈 라덴 제거 작전은 2011년 버락 오바마 대통령의 승인을 받아 성공했다. 이역만리 파키스탄에서 오사마 빈 라덴을 찾기 위해 목숨 걸고 싸운 마야 요원의 이야기는 영화로 만들어졌는데, 이를 본 관객들은 CIA 요원이 국가를 위해 위험을 무릅쓰고 일하는 사람들임을 생생히 알 수 있었다.

3장

자유롭고 민주적인

미국의 언론

표현과 언론의 자유는 어디까지 보장되어야 하는가

미국의 수정헌법 1조에는 '미합중국 의회는 언론·출판의 자유를 제한하는 법률을 제정해서는 안 된다.'라는 명확한 규정이 있습니다. 이로 인해 미국은 세계에서 언론의 자유가 가장 광범위하게 보장되었습니다.

그런데 1971년 〈허슬러〉라는 음란 잡지를 발행하던 출판인 래리 플린트Larry Flynt가 자신의 잡지에 작고한 존 F. 케네디 대통령의 아내이자 영부인이었던 재클린 케네디의 누드 사진을 실으면서 표현과 언론의 자유가 어디까지 보장될 수 있는지 논란이 벌어지기 시작했습니다.

1963년 11월 존 F. 케네디가

음란 잡지 〈허슬러〉의 발행인 래리 플린트

누드 사진으로 곤욕을 치른 재클린 케네디 오나시스

암살되자 영부인 재클린 케네디는 상심 속에서 나날을 보내고 있었습니다. 그때 그리스의 최고 갑부인 선박왕 아리스토텔레스 오나시스 Aristotle Onassis가 그녀에게 다가왔습니다. 사업가 오나시스는 누구에게도 뒤지지 않을 만큼 많은 돈을 갖고 있었지만 정치권력을 갖지 못해 아쉬움을 느꼈습니다. 이때 세계 최고 권력을 지녔던 케네디의 영부인 재클린과 결혼하는 것이야말로 자신의 능력을 증명할 절호의 기회라고 생각한 오나시스는 그녀에게 적극적인 구혼 활동을 펼쳤습니다.

1968년 재클린은 오나시스와 재혼했습니다. 하지만 이익을 좇아 결합한 두 사람의 결혼 생활은 순탄치 않았습니다. 오나시스는 재클린을 존중하지 않았고 재클린 역시 돈을 물 쓰듯 하면서 사치를 부리는 일로 세월을 보냈습니다. 결국 두 사람은 서로 증오하는 관계가 되었습니다.

오나시스는 재클린에게 모욕감을 주기 위해 친분이 있는 사진 기자에게 그녀가 누드로 그리스 해변을 산책하는 시간을 알려 주었습니다. 사진 기자가 몰래 찍은 재클린의 누드 사진은 미국의 대표적인 음란 잡지 〈허슬러〉의 발행인 래리 플린트의 손에 들어갔습니다.

래리 플린트는 어릴 적부터 밀주를 팔며 생활했습니다. 성인이 되어서는 술집을 운영하면서 더 많은 손님을 받기 위해 음란 잡지까지 만들어 판매했습니다. 그는 재클린의 누드 사진을 자신의 잡지에 실어 무려 200만 부나 판매해 큰돈을 벌었습니다.

수정헌법 1조를 중시한 미국은 표현과 언론의 자유라는 이유로 그에게 어떤 처벌도 하지 않았습니다.

1983년 래리 플린트가 미국 보수파 개신교도에게 절대적인 신망을 받던 제리 폴웰Jerry Falwell 목사를 공격하면서 또다시 언론과 표현의 자유가 어디까지 보장되어야 하는지를 두고 미국 사회에 큰 논란이 일었습니다. 래리 플린트는 일부러 제리 폴웰 목사를 음란한 인간으로 패러디해 음란 잡지에 실었습니다. 제리 폴웰 목사는 명예 훼손을 이유로 손해 배상 청구 소송을 제기했습니다.

이듬해인 1984년 버지니아주 법원에서 첫 재판이 열렸습니다. 래리 플린트 측 변호사는 수정헌법 1조를 들이대며 "미국에는 표현과 언론의 자유가 보장되기 때문에 세상 사람이 다 알고 있

래리 플린트와 소송전을 벌였던 제리 폴웰

는 유명 인사를 풍자한 것은 죄가 되지 않는다."라고 주장했습니다. 이에 반해 제리 폴웰 측은 "표현과 언론의 자유는 무엇보다도 중요한 권리이지만 악의적으로 다른 사람의 평판을 떨어뜨리는 행위까지 인정되는 것은 아니다. 또 유명 인사도 악의적인 공격으로부터 보호받을 권리가 있다."라는 주장을 펼쳤습니다.

법원은 래리 플린트의 손을 들어 주며 명예 훼손죄가 성립되지 않는다고 선고했습니다. 다만 래리 플린트가 악의적으로 정신적 고통을 준 불법 행위는 인정해 제리 폴웰에게 배상금 20만 달러를 지급하라는 판결을 내렸습니다. 이에 불복한 래리 플린트는 상소*했고, 결국 최종 판결은 연방 대법원 몫으로 돌아갔습니다. 이 재판은 '목사 대 악마의 싸움'이라 불리며 국민의 큰 관심을 모았습니다.

보수적인 미국인들은 이번 기회에 연방 대법원이 언론 매체를 빙자한 악덕 음란물 업자 래리 플린트를 혼내 주기를 바랐습니다. 반면 미국의 주요 언론은 수정헌법에서 보장하는 표현과 언론의 자유가 위축될 것을 우려해 공개적으로 래리 플린트를 지지했습니다.

래리 플린트는 연방 대법관 9명 앞에서 다음과 같은 주장을 펼쳤습니다.

"미국의 위대한 점은 바로 언론의 자유입니다. 모든 미국인이 자신의 생각을 자유롭게 표현하는 것이 유명 인사의 명예를 지켜 주는 것

---

* 하급 법원의 판결에 따르지 않고 상급 법원에 재심을 요구하는 일

보다 중요합니다. 어느 만화가가 한 언론 매체에서 현직 대통령 로널드 레이건을 무뇌아로 풍자했지만 처벌받지 않은 것은 이 나라에 표현과 언론의 자유가 있기 때문입니다. 언론이 유명 인사를 풍자하면 그 사람이 정신적 고통을 받는 것은 당연하지만 이를 이유로 처벌할 수는 없습니다. 미국은 이런 풍자도 사회의 건강을 위해 꼭 필요하다는 믿음 위에 선 나라입니다. 만약 연방 대법원이 래리 플린트라는 불한당에게도 표현의 자유를 인정해 주면 그보다 나은 모든 미국인이 표현의 자유를 보장받게 될 것입니다."

만장일치로 래리 플린트의 손을 들어 준 연방 대법원은 판결문을 통해 "자기 생각을 자유롭게 말하는 것은 개인의 권리이자 진실을 발견하기 위한 초석이다. 좋은 의견이든 나쁜 의견이든 모두 듣기 위해 수정헌법 1조가 존재한다. 래리 플린트의 잡지는 저급하기 그지없지만 수정헌법이 언론의 자유를 폭넓게 보장하고 있는 만큼 언론 보도로 받은 유명 인사의 정신적 고통에 대해 책임질 필요가 없다."라며 표현과 언론의 자유에 무게를 두었습니다.

미국인 대다수가 연방 대법원의 판결에 반감을 느꼈지만 해당 판결은 모든 사람의 표현과 언론의 자유를 지켜 주기 위한 것이기도 했습니다. 국가 권력이 나쁜 사람이라고 해도 사회적으로 보장된 권리를 지켜 주지 않으면 머지않아 보통 사람의 권리도 위협받는 것이 역사의 교훈이었기 때문입니다.

포토저널리즘의 대명사가 된 로버트 카파

1913년 로버트 카파_{Robert Capa}는 헝가리 수도 부다페스트의 유대인 가정에서 태어났습니다. 1931년 헝가리 정부가 좌익 활동을 했다는 이유로 탄압하자 18세에 로버트 카파는 망명길에 올랐습니다. 1933년 아돌프 히틀러_{Adolf Hitler}가 집권하자 독일에서 사진 기술을 배우던 로버트 카파는 유대인 박해를 피해 프랑스 파리로 거처를 옮겨야 했습니다.

이후 카파는 스페인 내전 등 전쟁이 벌어지는 곳마다 찾아다니며 전쟁의 참상을 사진 속에 담았습니다. 1939년 발발한 제2차 세계대전은 카파의 명성을 세계에 떨치는 계기가 되었습니다. 1944년 6월 6일 미국을 중심으로 한 연합군은 독일과 벌이고 있는 전쟁을 끝내기 위해서 영국에 주둔 중이던 연합군을 반드시 유럽 대륙에 상륙시

노르망디에 상륙하기 위해 수송선에서 내리는 연합군

켜야 했습니다. 이에 연합군 수뇌부는 인류 역사상 최대 침투 작전인 '노르망디 상륙 작전'을 준비했습니다. 하지만 종군 기자들은 노르망디 상륙 작전이 너무 위험하다고 판단해 동행하지 않았습니다.

이때 유일하게 따라나선 사진 기자가 바로 카파입니다. 이전에도 카파는 현장감 있는 사진을 찍기 위해 미군 공수 부대원과 함께 낙하산을 타고 이탈리아 전선에 뛰어든 적이 있습니다. 그때까지 카파는 한 번도 낙하산을 탄 적이 없지만 사진을 찍기 위해 목숨을 걸고 수송기에서 뛰어내렸습니다. 이처럼 카파는 산전수전을 다 겪은 베테랑이었지만 노르망디 상륙 작전에서는 두려움을 안고 취재에 임했습니다. 이는 막강한 독일군이 노르망디 해안가에 기관총과 대포를 설치해 두고 연합군이 상륙하기만을 기다리고 있었기 때문입니다.

1944년 6월 6일 미명이 밝아 오는 가운데 카파는 연합군의 수송선에 몸을 싣고 독일군이 기다리고 있는 노르망디 해안으로 향했습니다. 독일군의 강력한 저항으로 병사들과 카파는 해변에서 100m가량 떨어진 바다 위에서 뛰어내려야 했습니다. 많은 병사가 수송선에서 내리자마자 총 한 번 쏴 보지도 못하고 독일군의 기관총에 희생되었

노르망디 상륙 작전에 성공한 연합군

인류 역사상 최대 규모의 상륙 작전인 노르망디 상륙 작전

습니다. 카파는 기관총에 몸이 찢겨 나가는 모습과 공포에 질린 인간
의 모습을 사진에 담았습니다.

　카파 역시 공포심을 극복하지 못해 사진기를 잡은 손을 심하게 떨
었고 한동안 정신을 잃기도 했습니다. 카파는 노르망디 상륙 작전에

카파이즘을 남긴 종군 기자 로버트 카파

서 100여 컷을 카메라에 담았으나 사진을 인화하는 과정에서 조수가 실수하는 바람에 겨우 여섯 장만 건질 수 있었습니다. 인화에 성공한 사진 6장은 제2차 세계대전을 대표하는 사진으로 평가받고 있습니다.

사진 한 장이 역사를 바꾼다_카파이즘

1944년 8월 카파는 파리 서남부의 한적한 지역에서 삭발한 여인들이 공포에 질린 채 군중에 둘러싸인 광경을 보았습니다. 그중 한 여인은 아기를 품고 있었습니다. 군중은 남녀노소 할 것 없이 이들을 향해 침을 뱉고 욕을 하는 등 극심한 모멸감을 주었습니다.

삭발한 여성들은 나치 점령 당시 독일군과 사랑에 빠진 프랑스 여성들로서 독일군이 철수하자 매국노로 몰려 주민들에게 조리돌림을 당했습니다. 주민들은 독일군과 사랑을 나눈 여성들을 모욕하는 것

반역자로 몰려 삭발당한
프랑스 여성

으로도 부족하다고 여겨 즉결 처형이라는 명분으로 살해하기까지 했습니다. 카파는 이 광경을 담아 '전쟁과 여인'이라는 제목을 붙여 전쟁이 얼마나 인간성을 파괴할 수 있는지를 보여 주었습니다.

제2차 세계대전 이후 카파는 미국으로 귀화해 종군 기자로 활동을 이어 갔습니다. 1954년 카파는 프랑스와 베트남 사이에 벌어진 인도-차이나 전쟁*에 미국 기자로는 처음으로 취재에 나섰습니다. 그는 프랑스군과 함께 목적지로 이동하던 중 수송 차량이 잠시 멈춰 섰을 때 차에서 내려 군인들과 함께 푸른 초원을 걸었습니다. 프랑스군의 뒷모습을 찍던 중 카파는 실수로 대인 지뢰를 밟았고 엄청난 폭음과 함께 현장에서 즉사했습니다.

---

* 프랑스령 인도차이나의 독립을 둘러싸고 베트남민주공화국과 프랑스 군대 사이에 벌어진 전쟁(1946~1954년)

전쟁터를 누비는
종군 기자

18년 동안 다섯 번의 전쟁에 종군 사진 기자로 참전하면서 수많은 고비를 넘긴 카파였지만 이날 죽음을 피할 수는 없었습니다. 카파는 41세라는 젊은 나이에 생을 마감했지만 생전에 사진 70만 장을 남겼을 만큼 열정적인 종군 사진 기자였습니다.

전쟁에 참전한 군인들이 총을 들고 생사를 넘나드는 전투를 벌일 때 카파는 카메라를 손에 들고 그만의 전투를 이어 갔습니다. 카파는 인간성이 말살되는 참혹한 전쟁의 모습을 사진을 통해 보여 줌으로써 자유와 인권의 소중함을 알리고자 했습니다. 카파는 민족마다 사용하는 언어가 달라 소통이 어렵지만, 사진은 만국 공통어로서 모두가 공감할 수 있는 훌륭한 의사소통 도구라고 생각해 사진에 집념을 보였습니다. 카파의 열정으로 '포토저널리즘*'이라는 새로운 지평이

---

* 사진에 중점을 둔 저널리즘 또는 그런 종류의 출판물을 통틀어 이르는 말

열렸고, 그는 20세기 가장 위대한 종군 사진 기자라는 불멸의 명예를 갖게 되었습니다.

로버트 카파 때문에 '카파이즘'이라는 신조어가 생겼는데 이는 어떤 희생과 위험을 무릅쓰고라도 진실을 전하겠다는 기자 정신을 말합니다.

카파 이후 종군 기자 사이에서 "종군 기자에게 가장 창피한 일은 침대 위에서 편안하게 죽는 것이다."라는 말이 돌 정도로 목숨을 걸고 진실에 다가간 카파가 언론인에게 미친 영향은 매우 큽니다.

24시간 뉴스만 보도하는 뉴스 전문 채널 CNN의 탄생

1938년 테드 터너Ted Turner는 대형 광고 회사를 운영하던 부유한 집안에서 태어났습니다. 그는 미국의 아이비리그 중 하나인 브라운 대학에 진학해 그리스 고전 문학을 전공했습니다. 어느 날 그는 아버지에게서 '그리스 고전 문학 같은 쓸모없는 것을 배우는 데 인생을 낭비하지 마라.'는 편지를 받았습니다. 아버지는 일방적으로 학비 지원을 끊었습니다.

학업을 중단할 수밖에 없었던 터너는 아버지의 광고 사업을 도왔습니다. 알코올 중독에 시달리던 아버지가 갑자기 자살하는 바람에 경영 수업을 받던 터너는 20대 초반에 가업을 물려받았습니다. 이후 터너는 회사를 급성장시켜 굴지의 광고 회사로 만들었습니다.

이른 나이에 억만장자 반열에 오른 터너는 1980년 미국 최초로 뉴스 전문 방송국인 CNN_{Cable News Network}을 설립했습니다. 그가 전 재산을 쏟아부어 24시간 동안 오로지 뉴스만을 내보내는 뉴스 전문 채널을 만들려고 하자 주위 사람들이 모두 만류했습니다.

당시 미국에서는 NBC, ABC, CBS 등 소수의 대형 방송사가 방송 시장을 완전히 장악하고 있었기 때문에 작은 방송사가 끼어들 틈이 없었습니다. 게다가 미국 시청자의 주된 관심사가 드라마나 쇼 프로 같은 예능 프로그램이었기 때문에 온종일 뉴스만 내보내는 뉴스 전문 채널을 만드는 일은 엉뚱하기 그지없는 발상이었습니다.

하지만 터너는 세계에서 일어나는 다양한 사건을 실시간으로 전하는 것이 무엇보다 중요한 일이라고 생각했습니다. 미국 굴지의 방송국보다 먼저 공정한 뉴스를 방송하면 많은 시청자를 확보할 수 있다고 판단했습니다. 그는 "CNN은 앞으로 전 세계에서 일어나는 모든

뉴스 전문 채널 CNN의 창업자 테드 터너

발사 작전의 챌린저호

챌린저호의 공중 폭발

폭발한 챌린저호의
승무원들

사건을 중계할 것이며 인류의 종말 보도가 마지막 방송이 될 것입니다."라는 다짐을 했습니다.

CNN 개국 초기, 회사 사정은 좋지 못했습니다. 사람들은 케이블 방송이었던 CNN의 존재조차 알지 못했습니다. 형편없이 낮은 시청률로 시청료가 제대로 걷히지 않아 회사는 적자를 면치 못했습니다. 하지만 터너는 뜻을 굽히지 않고 사유 재산으로 방송국을 운영했습니다.

1986년 1월 터너는 챌린저호 폭발 사고를 생중계하면서 미국 시청자에게 CNN의 존재를 알릴 좋은 기회를 잡았습니다. 미국 과학 기술력의 정수가 집약된 유인 우주 왕복선 챌린저호는 미국인의 자랑이었지만, 승무원 7명을 태우고 발사한 지 73초 만에 공중에서 폭발하는 대참사가 일어났습니다. 거대한 폭발음과 함께 승무원 전원이 산화되었고, 이는 미국인들에게 엄청난 충격을 주었습니다. CNN은 이를 생중계함으로써 시청자들에게 강렬한 인상을 남겼습니다.

1991년 1월에 발발한 걸프전은 CNN의 운명을 바꾸는 중요한 계기가 되었습니다. 이전 해인 1990년 8월, 이라크의 독재자 사담 후세인Saddam Hussein이 이웃 나라 쿠웨이트를 침공하면서 중동 지역에 암운이 드리워졌습니다. 1980년부터 1988년까지 이라크는 이란과 8년간 전쟁을 치르는 과정에서 엄청난 국력을 소진했습니다. 사담 후세인은 종전 뒤 재건에 쓰이는 막대한 비용을 충당하기 위해 쿠웨이트를 침공하기에 이르렀습니다.

사담 후세인이 쿠웨이트를 무력으로 침략하면서 내세운 대의명분은 쿠웨이트가 이라크의 석유를 도둑질해 갔다는 것이었습니다. 이라크와 쿠웨이트 국경에 있는 유전 지대에는 석유가 다량으로 매장되어 있는데 쿠웨이트가 이란-이라크 전쟁을 틈타 국경 지대의 석유를 무단으로 채굴했다는 것이 침략의 주된 명분이었습니다.

사담 후세인은 군사력이 변변치 않았던 쿠웨이트를 손쉽게 정복할 수 있었지만 문제는 미국이었습니다. 쿠웨이트와 미국은 전통적인 혈맹 관계였으며, 미국은 사담 후세인이 중동의 맹주로 부상하는 것을 경계해 이라크에 대한 응징에 나섰습니다.

1991년 1월 미국이 무려 34개국으로 이루어진 다국적군을 결성해 쿠웨이트에서 이라크를 쫓아내기 위해 걸프전을 준비하자 세계 언론은 분주해졌습니다. 이때 CNN은 사상 최초로 전쟁 생중계에 나섰습니다. 세계 수많은 언론사가 이라크의 수도 바그다드에 특파원을 파견했지만 전쟁을 생중계하려는 생각은 하지 못했습니다. 하지만 CNN의 용감한 기자들은 바그다드의 한 호텔에서 전쟁이 일어나는 모습을 카메라에 담아 전 세계로 생중계했습니다.

이라크의 독재자 사담 후세인

걸프전 생중계에 나선
CNN

　미군을 중심으로 한 다국적군 폭격기가 상공에서 폭탄을 쏟아붓
자 바그다드는 순식간에 불바다로 변했습니다. 폭탄이 떨어질 때마
다 번쩍이는 섬광이 일어났으며, 고막을 찢을 정도로 강렬한 폭음이
천지를 뒤흔들었습니다. 이라크군도 하늘을 헤집고 다니는 다국적군
폭격기를 격추하기 위해 끊임없이 고사포를 쏘아 올렸습니다. 전쟁
의 모습이 CNN을 통해 생중계되자 전 세계 사람들은 처음으로 전
쟁의 실상을 마치 눈앞에서 일어나는 것처럼 볼 수 있었습니다.

　CNN은 걸프전을 생중계함으로써 단번에 전 세계에 존재를 확실
히 알렸습니다. 세계 언론사가 CNN에게서 전쟁 영상을 구하기 위해
막대한 돈을 지급했고, CNN은 큰돈을 벌었습니다. 걸프전은 어떤
광고보다도 CNN을 알리는 데 효과적이었고, 이를 계기로 CNN은
뉴스 채널의 대명사가 되었습니다. 이후 CNN의 기자들은 세계에서
분쟁이 일어나는 곳이라면 어디라도 가장 먼저 찾아가 객관적인 시
각으로 사실을 세상에 알렸습니다.

언론인에서 환경 운동가로 변신한 테드 터너

CNN이 세계 최대 뉴스 채널로 성장하면서 테드 터너는 언론계에서 막강한 영향력을 갖게 되었습니다. 이로 인해 그의 일거수일투족은 사람들의 관심거리가 되었습니다. 1997년 테드 터너가 미국 정부에 맞서면서 세계의 이목이 쏠렸습니다. 당시 클린턴 행정부는 UN국제 연합과 극심한 갈등을 빚고 있었으며 UN을 길들이기 위해 돈줄을 끊어 버렸습니다.

그동안 UN은 각국이 내는 분담금으로 난민 구제, 질병 퇴치, 핵 확산 방지 등 세계에서 일어나는 다양한 문제를 해결해 왔는데, 미국이 UN 운영비의 4분의 1가량을 책임지고 있었습니다. 클린턴 행정부가 분담금을 내지 않자 UN은 곧바로 심각한 재정난에 빠져 그동안 진행해 왔던 수많은 프로젝트가 중단되는 위기에 처했습니다.

뉴욕에 위치한 UN 본부

이때 테드 터너는 미국 정부를 신랄히 비판하면서 10년에 걸쳐 10억 달러라는 거금을 UN에 지원하겠다고 약속했습니다. 이는 미국 정부와는 대치되는 행동이었지만 테드 터너는 자신의 약속을 실행에 옮겼습니다. 이후 테드 터너는 다른 사업에서 큰 손실을 보며 경제적인 어려움을 겪기도 했지만 약속을 성실히 지켜 10년 동안 10억 달러를 UN에 기부했습니다. 환경과 야생 동물 보호에도 자신의 재산을 기꺼이 내놓았습니다.

테드 터너는 미국 전역에서 환경 파괴가 이어지면서 야생 동물이 멸종 위기에 놓였다는 사실을 알게 된 뒤 야생 동물을 보호하기 위해 이들이 서식하는 땅을 사들이기 시작했습니다. 특히 미국을 대표하는 동물인 야생 버펄로를 멸종 위기에서 지켜 내기 위해 땅을 사들였고, 그곳에서 버펄로가 마음껏 뛰어놀게 했습니다. 테드 터너가 오

테드 터너의 노력으로 멸종 위기에서 벗어난 버펄로

어린이에게 환경 보호의 중요성을 알린 캡틴 플래닛

랜 기간에 걸쳐 사들인 땅의 넓이는 무려 200만 에이커_{acre}로 그는 미국에서 가장 큰 땅을 가진 사람이 되었습니다. 터너 농장의 버펄로는 시간이 흐르자 무려 4만 마리 이상으로 늘어나며 멸종 위기에서 벗어났습니다.

테드 터너는 환경을 보호하기 위해 고심하던 끝에 '캡틴 플래닛'이라는 TV 애니메이션을 만들었습니다. 자라나는 어린이에게 환경 교육을 하기 위해 TV 애니메이션만큼 좋은 도구가 없다고 판단한 것입니다. 1990년부터 방영을 시작한 캡틴 플래닛은 113회 분량이 방영되었습니다. 세계 어린이들은 이 애니메이션을 통해 환경 보호의 중요성을 알게 되었습니다.

테드 터너는 세계 최대 뉴스 전문 채널을 설립한 사람에 그치지 않고 자신이 가지고 있는 영향력과 돈을 지구 환경과 동물 보호를 위해 기꺼이 내놓은 사람으로 미국인의 머릿속에 남아 있습니다.

금융인을 위한 뉴스 채널로 시대를 앞서간 블룸버그 통신

1942년 마이클 블룸버그Michael Bloomberg는 보스턴의 유대인 가정에
서 태어났습니다. 블룸버그의 부모 역시 여느 유대인처럼 자녀 교육
에 노력을 기울였습니다. 블룸버그는 존스 홉킨스 대학에 진학해 전
기 전자 공학을 공부했습니다. 이후 세계에서 최고 수재들이 모이는
하버드 경영 대학원에 진학해 금융을 공부했습니다.

공학과 금융을 두루 섭렵한 블룸버그는 당시 미국 굴지의 금융 회
사였던 살로먼브라더스Salomon Brothers에 스카우트되어 월스트리트에서
금융 전문가로 사회생활을 시작했습니다. 그는 회사에서 탁월한 능
력을 발휘해 초고속 승진을 거
듭하며 승승장구했습니다. 삼
십 대의 젊은 나이에 고액 연
봉을 받는 회사 임원으로 활동
하며 백만장자 반열에 올라 부
러울 것이 없어 보였습니다.

1981년 블룸버그는 회사로
부터 뜻밖의 해고 통지서를 받
게 되었습니다. 회사는 해고 사

블룸버그 통신의 창업자 마이클 블룸버그

유도 제대로 설명해 주지 않고 퇴직금 1,000만 달러를 주며 블룸버그를 쫓아냈습니다. 39세라는 젊은 나이에 일자리를 잃은 블룸버그는 좌절하는 대신 금융인을 대상으로 한 뉴스 채널인 블룸버그 통신을 만들어 재기에 나섰습니다. 공학과 금융에 조예가 깊었던 블룸버그는 금융인에게 필요한 정보를 제공하고 돈을 버는 시스템을 고안했습니다.

그가 블룸버그 통신을 세운 1980년대 초까지만 하더라도 인터넷이 존재하지 않았기 때문에 금융인들은 정보를 얻는 일에 많은 노력을 기울여야 했습니다. 금융 산업의 특성상 최신 정보를 얻는 일은 무엇보다 중요한데, 당시 금융인은 대부분 필요한 정보를 얻기 위해 〈월스트리트 저널〉 같은 경제 신문을 일일이 뒤져야 했습니다. 이에 블룸버그는 금융 기관 전용 단말기를 개발해 최신 정보를 실시간으로 전달했습니다. 블룸버그가 개발한 단말기에 대한 수요는 폭발적이어서 곧 월스트리트의 모든 금융업체가 고객이 되었습니다. 블룸버그가 제공하는 정보 없이는 주식이나 채권 같은 금융 거래를 제대로 할 수 없을 정도로 그는 양질의 정보를 가장 빨리 전달했습니다.

블룸버그는 월스트리트 정복에 만족하지 않고 사업을 확대하기 위해 전 세계 100여 개국에 직원을 보내 최신 금융 정보를 수집했습니다. 시간이 흐르자 금융 시장이 활성화된 나라의 금융업체도 블룸버그 통신의 고객이 되었습니다. 금융인을 상대로 특화된 정보를 제공하는 시장을 개척한 블룸버그는 총재산이 400억 달러가 넘는 뉴욕 최고 억만장자가 되었습니다. 이후 블룸버그 통신은 인터넷, 라디오,

마이클 블룸버그가 설치해 범죄를 크게 줄인 CCTV

TV 등 다양한 매체를 거느린 경제 분야에서 타의 추종을 불허하는 종합 미디어 기업으로 거듭났습니다.

2001년 블룸버그는 미디어 업계에서 거둔 성공을 바탕으로 뉴욕 시장 선거에 나서서 큰 표 차이로 당선되었습니다. 정보의 중요성을 누구보다 잘 알고 있던 블룸버그는 뉴욕 시장이 된 이후에도 정보를 수집해 시정 운영에 활용했습니다. 범죄가 자주 일어나는 지역과 시간대를 파악해 경찰력을 집중적으로 배치하는 방식으로 범죄를 줄여 나갔습니다.

뉴욕시 전역에 CCTV를 설치하고 사각지대는 드론으로 철저히 감시했습니다. 그 결과 뉴욕의 범죄율은 급격히 낮아졌지만 한쪽에서는 블룸버그가 영국 소설가 조지 오웰George Orwell의 소설 《1984》에 등

마이클 블룸버그가 시장에 당선된 이후에 크게 늘어난 흡연 금지 구역

장하는 국민의 모든 것을 감시하는 절대 권력자인 '빅브라더'처럼 되려고 한다고 비판하기도 했습니다. 하지만 블룸버그는 재임 기간 동안 공익을 위해서만 권력을 활용했습니다. 이를 인정한 뉴욕 시민들은 세 차례나 블룸버그를 뉴욕 시장으로 선택했습니다.

블룸버그가 재임 기간 동안 이룬 또 하나의 업적은 '담배와 벌인 전쟁'입니다. 그는 뉴욕 시민의 흡연율을 낮추기 위해 우선 흡연 금지 구역을 늘려 나갔습니다. 또 담뱃값을 크게 올려 사람들이 쉽게 담배를 사지 못하도록 했습니다. 그의 재임 기간 동안 뉴욕 시민의 흡연율은 20%대에서 10%대로 낮아지며 흡연 때문에 고통받는 사람 역시 줄어들었습니다.

블룸버그는 뉴욕을 넘어 전 세계로 금연 운동을 펼쳐 나갔습니다. 그는 사재를 털어 가난한 나라의 금연 캠페인을 도왔습니다. 선진국의 엄격한 흡연 규제 정책을 피해 미국의 거대 담배 회사는 가난한 개발 도상국을 대상으로 판촉에 열을 올리고 있었습니다. 선진국에서는 흡연의 위험성을 알리기 위해 담뱃갑에 폐암 환자의 모습 등 흉측한 사진을 싣는 것이 일반화되어 있지만 개발 도상국에서는 그런 규제가 없었습니다.

세계 흡연 인구의 80%가 개발 도상국 사람일 만큼 금연 운동이 절실했지만 개발 도상국이 금연 정책을 펼칠 때마다 담배 회사들은 소송을 걸어 이를 막으려고 했습니다. 이에 블룸버그는 사유 재산으로 가난한 개발 도상국에 소송 비용을 제공하는 등 전 세계적으로 '담배와 벌이는 전쟁'을 이어 나갔습니다. 블룸버그 역시 CNN을 설립한 테드 터너처럼 미디어 업계에서 거둔 성공을 공익을 위해 사용한 인물로 남게 되었습니다.

대통령과 국민의 소통 창구가 된 백악관 출입 기자단

언론사 기자가 백악관을 대상으로 취재를 시작한 것은 19세기로 거슬러 올라갑니다. 1895년 윌리엄 프라이스William W. Price 기자는 미국 제22대 대통령 그로버 클리블랜드Grover Cleveland를 취재하기 위해 사우스캐롤라이나에서 올라와 스스로 '백악관 통신원'이라고 부르며 대통령 밀착 취재를 시작했습니다. 이후 백악관을 취재하는 기자는 계속 늘어났지만 이들은 허락 없이 백악관 안으로 들어가지 못했습니다.

1901년 권좌에 오른 제26대 시어도어 루스벨트Theodore Roosevelt 대통

백악관 내에 기자실을 마련한
미국 제26대 대통령 시어도어 루스벨트

령은 어느 비 오는 날 백악관 출입 기자들이 문밖에서 비를 그대로 맞으며 서성이는 모습을 보자 안쓰러운 마음이 들어 백악관 내에 기자실을 마련해 주었습니다. 하지만 실제로는 루스벨트 자신에게 유리한 여론을 조성하려고 백악관 안으로 기자를 들인 것입니다.

시어도어 루스벨트는 미국 역사상 최초로 진보적인 정책을 추진한 대통령으로서 중소기업과 노동자의 편에 서려고 했습니다. 하지만 대자본가가 루스벨트의 개혁 정책에 강력히 저항했기 때문에 이들의 힘을 누르기 위해서는 국민의 절대적인 지지가 필요했습니다. 루스벨트는 임기 동안 언론과 좋은 관계를 유지하기 위해 백악관에 기자실을 마련해 주었습니다.

1914년 백악관을 출입하는 기자들은 조직적이고 체계적인 취재를 위해 '백악관 출입 기자단'이라는 단체를 결성했습니다. 이들은 세계 권력의 중심부인 백악관을 일터로 삼은 사람들로서 대통령의 일 처리를 감시하고 미국의 역사를 기록한다는 의미에서 스스로 감시인이라는 뜻을 지닌 워치독Watchdog이라 부릅니다.

백악관 내에는 기자들의 작업을 위해 제공된 공간인 기자실과 대

백악관 브리핑룸에서 기자들과 질의응답을 하는 버락 오바마 대통령

통령이나 백악관 대변인과 이야기를 주고받을 수 있는 브리핑룸이 있습니다. 브리핑룸에서는 매일같이 백악관 대변인이 기자들 앞에서 국정 브리핑을 하는데, 이를 통해 대통령은 국민과 소통하게 됩니다.

언론사는 그날그날의 브리핑을 생중계합니다. 이를 미국인 수백만 명이 관심을 가지고 시청합니다. 브리핑룸은 대통령의 집무실이 있는 웨스트 윙*에 있어 기자들은 대통령 집무실에서 밖으로 새어 나오는 소리를 들을 수도 있습니다. 백악관 브리핑룸은 예상 외로 작은 규모인데, 한 줄에 의자 7개가 7줄을 이뤄 다 합쳐 봐야 49석밖에 되지 않습니다. 따라서 미국과 전 세계 수많은 언론사 중 AP통신, CNN, ABC, NBC, 워싱턴포스트, 뉴욕타임스 등 영향력이 큰 49개

* 백악관 서쪽 동의 명칭

언론사만 브리핑룸의 자리를 차지할 수 있습니다. 특히 맨 앞줄은 선임 출입 기자들의 지정석으로 백악관 취재 경험이 많은 기자들만 앉을 수 있습니다.

브리핑룸 내 자리는 백악관이 배정하는 것이 아니라 백악관 출입 기자들이 직접 정합니다. 백악관을 출입할 자격이 있는 언론인 700명 중 소속 언론사의 사회적 영향력에 따라 브리핑룸의 자리가 결정됩니다. 브리핑룸과 기자실에 둥지를 틀지 못한 언론사의 기자들은 백악관에 들어가더라도 있을 곳이 마땅치 않아 고생하기 십상입니다.

"오직 언론만이 국민을 대신해 대통령에게 책임을 물을 수 있다" _백악관 최초 여성 출입 기자 헬렌 토마스

백악관 출입 기자 중 헬렌 토마스Helen Thomas는 스타급 기자였습니다. 1920년 켄터키주에서 레바논 이민자의 가정에서 태어난 그녀는 아랍계 미국인이다 보니 어린 시절부터 적지 않은 인종 차별에 시달렸습니다. 헬렌 토마스는 그때마다 뒷날 언론인이 되어 미국의 문제점을 고치는 데 앞장서겠다는 다짐을 했습니다.

대학을 졸업한 뒤 언론계에 발을 들여놓은 그녀는 1960년 존 F. 케네디 대통령 선거 유세 현장을 따라다니면서 정치권과 인연을 맺기 시작했습니다. 민주당 대선 후보였던 케네디가 미국 제35대 대통령으로 당선되자 헬렌 토마스는 백악관 최초의 여성 출입 기자가 되어

제럴드 포드 대통령에게 질문을 던지는 헬렌 토마스

케네디를 취재하게 되었습니다. 1963년 11월 케네디 대통령이 암살당한 이후에도 그녀는 백악관을 떠나지 않고 버락 오바마 대통령까지 무려 50여 년 동안 대통령 10명을 취재했습니다.

1972년 리처드 닉슨 대통령이 중국을 방문할 때는 여성 기자로는 유일하게 동행하는 특권을 누리기도 했습니다. 헬렌 토마스가 유명해진 것은 단지 오랫동안 백악관을 출입했기 때문만은 아니었습니다. 그녀는 "무례한 질문이란 없다. 기자들이 대통령에게 날카로운 질문을 던지지 않으면 결국에는 대통령이 왕처럼 국민 위에 군림한다. 오로지 언론만이 대통령에게 책임을 물을 수 있기에 백악관 출입기자의 역할은 중요하다. 특히 대통령과 하는 기자 회견은 국민을 대신해 기자들이 대통령에게 질문하고 추궁할 유일한 기회다."라는 말을 남길 정도로 기자로서 사명감에 불탔습니다.

헬렌 토마스는 대통령과 하는 기자 회견에서도 국민의 편에 서서 거침없는 질문을 쏟아 내 대통령을 궁지에 몰아넣기도 했습니다. 2003년 3월 조지 W. 부시 대통령이 이라크를 침공하자 브리핑룸을 찾은 부시에게 "전쟁을 일으킨 진짜 이유가 무엇입니까? 이라크의 석유가 탐나서인가요, 아니면 이스라엘을 돕기 위해서인가요?"라고 쏘아붙이며 대통령을 당황하게 만들었습니다.

헬렌 토마스의 도발적인 질문에 제대로 대답조차 하지 못한 조지 W. 부시 대통령은 이후 그녀에게 질문할 기회를 주지 않았습니다. 헬렌 토마스 역시 조지 W. 부시 대통령을 두고 '역사상 최악의 대통령'이라는 악평을 쏟아 내기도 했습니다. 헬렌 토마스가 다른 기자들이 감히 물어볼 수 없었던 내용의 질문을 대통령에게 쏟아 내자 역대 대통령들은 "그것은 질문이 아니라 고문이었다."라고 불만을 털어놓기도 했습니다.

이와 같이 헬렌 토마스는 역대 모든 대통령에게 '백악관의 골칫덩어리'였지만 국민의 알 권리를 충족해 주는 역할을 충실히 수행했습니다. 헬렌 토마스는 백악관 브리핑룸에서 유일하게 언론사 이름 대신 자신의 이름이 쓰인 의자를 가진 기자였는데 맨 앞줄 중앙 자리가 바로 그녀의 지정석이었습니다. 그녀가 "대통령님, 안녕하세요?"라고 인사하면 기자 회견이 시작되고 "감사합니다, 대통령님."이라고 말하면 끝을 맺는 것이 관례가 되었을 정도로 백악관 출입 기자단 내에서 그녀의 역할은 중요했습니다.

백악관 기자들의 날카로운
질문 공세에 시달리는
조지 W. 부시 대통령

헬렌 토마스는 명예롭게 백악관을 떠나지 못했습니다. 2010년 백악관에서 유대인을 위한 행사가 열렸을 때 유대인 랍비 한 명이 그녀에게 "이스라엘에 대해 어떻게 생각하느냐?"라는 질문을 던졌습니다. 그러자 헬렌 토마스는 "유대인은 당장 팔레스타인 지역에서 떠나라."라고 말하며 유대인에 대한 적대감을 노골적으로 드러냈습니다.

아랍계 미국인인 헬렌 토마스는 유대인에게 좋은 감정을 갖지 않았는데, 때마침 기회가 찾아오자 유대인에 대한 비난의 화살을 날린 것입니다. 그녀의 유대인에 대한 분노가 담긴 동영상은 엄청난 조회수를 기록하며 인터넷을 통해 빠른 속도로 퍼졌습니다. 백악관 대변인은 "헬렌 토마스의 발언은 상당히 모욕적이며 비난받아 마땅한 발언이다."라며 공격의 포문을 열었습니다. 심지어 한솥밥을 먹던 백악관 출입 기자들조차도 "도저히 용서하기 힘든 발언이다."라고 말하며 헬렌 토마스를 비난했습니다.

헬렌 토마스의 말 한마디에 미국 사회가 발칵 뒤집힌 이유는 바로

버락 오바마 대통령에게 생일 케이크를 받은 헬렌 토마스

미국의 최상류층을 장악하고 있는 유대인을 건드렸기 때문입니다. 방송, 신문, 인터넷 매체 등 미국 내 주요 언론사와 대기업이 유대인 소유이기 때문에 지금까지 누구도 공적인 자리에서 '유대인은 이스라엘에서 떠나라.'는 말을 차마 꺼내지 못했습니다.

헬렌 토마스의 발언이 마치 벌집을 쑤셔 놓은 것처럼 큰 파장을 일으키자 그녀는 어쩔 수 없이 백악관을 떠나야 했습니다. 헬렌 토마스는 90세 생일을 두 달 앞두고 불명예 퇴직을 당해 백악관에서 쫓겨나다시피 했으며 3년 뒤 세상을 떠나고 말았습니다. 한 번의 발언으로 헬렌 토마스는 백악관을 떠났지만 그녀가 보여 주었던 거침없는 기자 정신은 오늘날에도 수많은 언론인의 본보기가 되고 있습니다.

미국 대통령을 견제하는 언론

미국 대통령이 지닌 권력은 막강하기 비할 데가 없어 미국을 넘어 전 세계에 큰 영향을 미칩니다. 따라서 미국 대통령이 올바른 길을 걷지 않는다면 전 세계에 엄청난 악영향을 미칠 수밖에 없습니다. 이에 미국 대통령을 견제해야 할 세력이 꼭 필요하며 언론이 이 역할을 나름대로 충실히 수행하고 있습니다. 언론과 하는 소통이 바로 국민과 하는 소통이기 때문에 역대 미국 대통령 대부분은 언론과 좋은 관계를 유지하기 위해 노력했습니다.

언론 역시 새로운 대통령이 취임한 뒤 100일 동안은 최대한 비판을 자제하는 아량을 베풉니다. 이를 두고 '허니문 기간'이라고 부르는데 이는 새로운 대통령이 전체적인 국정 운영을 파악할 수 있는 시간을 주기 위해서입니다. 허니문 기간이 지나면 언론은 가차 없이 대통령의 정책에 비판의 칼날을 들이댑니다. 기자들을 향한 국민의 감시가 철저하기 때문에 기자들은 자신의 임무에 소홀할 수 없습니다.

백악관 브리핑룸에서 이뤄진 대통령과 나누는 기자 회견은 전부 촬영되어 백악관 홈페이지에 게시되기 때문에 누구라도 접속해 볼수 있습니다. 따라서 기자들은 자신의 존재감을 드러내기 위해 국민이 꼭 알고 싶은 핵심적이고 날카로운 질문을 던지려고 노력합니다. 이는 대통령이나 백악관 대변인에게는 곤혹스러운 일이지만 이들 역시 국민을 위해 최선을 다해 답변합니다. 대통령의 일정은 모두 언론에 공개되기 때문에 백악관에서 일어나는 모든 일은 투명하게 관리됩니다.

백악관을 거쳐 간 역대 대통령 중 언론을 잘 활용한 인물로 손꼽히는 대통령이 프랭클린 루스벨트입니다. 그는 12년간 경제 대공황으로 붕괴한 미국 경제를 재건하고 제2차 세계대전을 승리로 이끌기 위해 언론과 소통하는 데 부단한 노력을 기울였습니다. 루스벨트는 재임 기간에 기자 회견을 무려 881차례나 했는데 이는 매주 1차례가 넘는 횟수입니다.

루스벨트는 기자 회견을 통해 미국이 처한 현실을 솔직히 말하고 이에 대한 대책을 국민 앞에 내놓았습니다. 경제 대공황을 극복하기 위해서는 복지 제도를 늘려야 하는데 이는 국민의 동의 없이는 도저히 해낼 수 없는 일이었습니다. 제2차 세계대전이라는 거대한 전쟁터에 미국 젊은이를 보내는 일 역시 국민의 동의가 필요했습니다. 루스벨트는 언론을 활용한 국민과 나누는 소통을 통해 힘든 과제를 성공적으로 마쳤습니다.

리처드 닉슨 대통령은 언론과 관계가 그다지 원만하지 못했습니다. 닉슨은 대통령은 권좌에 오르자마자 자신에게 호의적이지 않은 언론인을 대상으로 블랙리스트를 만들어 그들을 적으로 간주했습니다. 심지어 자신이 임명한 장관들과도 얼굴을 맞대고 정책을 논의하기를 꺼려 서면 보고를 하도록 요구했습니다.

1921년부터 백악관 출입 기자단과 대통령은 매년 한 차례씩 한 곳에 모여 만찬을 하며 그동안 섭섭했던 감정을 푸는 행사를 벌였습니

언론과 사이가 좋지 않았던 리처드 닉슨 대통령

다. 이 자리에서 현직 대통령은 기자들에게 좋은 이미지를 주기 위해 행사 며칠 전부터 만찬에서 일어날 수 있는 일을 철저히 준비하고 예행연습까지 합니다. 만찬회에는 백악관 출입 기자뿐만 아니라 사회 각계의 저명인사도 대거 초대됩니다. 만찬회는 사실상 미국을 움직이는 사람들이 한자리에 모이는 행사나 다름없습니다. 기자들도 편안한 분위기에서 대통령에게 국민의 소리를 전달할 수 있어 백악관 출입 기자와 대통령이 나누는 연례 만찬회는 소통의 상징으로 받아들여져 왔습니다.

그런데 1972년 리처드 닉슨은 연례 만찬회에 참석을 거부함으로써 그동안 유지되어 온 관례를 깼습니다. 닉슨은 정치인임에도 사람과 만나기를 꺼려하는 예민한 성격의 소유자였습니다. 언론과 담을 쌓고 지내던 공화당 출신 닉슨은 1972년 6월 민주당 선거 본부 사무실에 도청 장치를 설치하려는 음모가 유력 신문사인 〈워싱턴포스트〉에 폭로되어 탄핵 위기에 몰렸고, 결국 임기를 채우지 못한 채 백악관을 떠나야 했습니다.

영화배우 출신 로널드 레이건 대통령은 기자들을 능수능란하게 다룬 대통령으로 기억되고 있습니다. 레이건은 '위대한 소통자'라고 불릴 만큼 화술이 뛰어나고 상대방의 의견을 주의 깊게 들었습니다. 레이건은 기자들이 날카로운 질문을 쏟아 낼 경우 함박웃음과 함께 윙크를 지으며 브리핑룸을 떠났는데, 이런 그를 붙잡고 계속해서 질문을 쏟아 낼 수는 없었습니다.

1981년 집권 초기 레이건은 한 호텔에서 치러진 행사에 참여한 뒤 백악관으로 돌아가는 길에 호텔 밖에서 기자 한 무리와 마주쳤습니다. 백악관 비서진은 언론과 하는 인터뷰가 일정에 없었기 때문에 전용차를 타고 빨리 백악관으로 돌아갈 것을 권유했습니다. 하지만 평

영화배우 출신답게
기자들을 능수능란하게 다룬
로널드 레이건 대통령

소 기자들과 소통을 즐겨 하던 레이건은 흔쾌히 기자들의 질문을 받아 주었습니다.

이때 레이건은 한 테러리스트에게 총격을 받습니다. 장시간에 걸친 수술 끝에 목숨을 건졌지만 레이건은 미리 약속된 백악관 출입 기자단과 나누는 연례 만찬회에는 부득이하게 참석하지 못했습니다. 레이건은 부통령의 참석으로 치러지는 연례 만찬회장으로 전화를 걸어 "여러분에게 충고 한마디하자면, 주변 사람이 빨리 차에 타라고 권유하면 군말 말고 즉각 차에 타세요."라는 농담을 던져 만찬회장을 웃음바다로 만들었습니다.

언론과 전쟁을 한 도널드 트럼프

2016년 제45대 대통령이 된 도널드 트럼프는 역대 미국 대통령과는 달리 언론과 각을 세우면서 파란을 일으켰습니다. 트럼프는 대통령 선거 유세 기간에도 CNN, ABC, NBC, 〈워싱턴포스트〉, 〈뉴욕타임스〉 등 주류 언론과 등지면서 '언론인이야말로 지구상에서 가장 부정직한 사람'이라는 식의 비난을 쉴 새 없이 쏟아 냈습니다.

트럼프는 언론과 접촉을 마다한 채 트위터를 통해 자신의 처지를 밝히는 데 열중했습니다. 물론 이전의 대통령도 SNS를 선거 기간에 적극적으로 활용했지만 이는 단지 다양한 표를 얻기 위한 활동 중 하나에 불과했습니다. 트럼프가 언론을 혐오한 이유는 언론이 시종일관 트럼프의 선거 공약을 부정적인 시각으로 바라보았기 때문입니

기존 언론을 극도로 불신한 미국 제45대 대통령 도널드 트럼프

다. 이는 트럼프가 국민의 기본권 축소, 무슬림의 입국 제한, 멕시코 국경 지대에 분리 장벽 건설, 환경 보호 정책 축소, 보호 무역주의 강화 등 역대 정부가 일관되게 추진해 온 정책과는 상반되는 편협한 정책을 들고 나왔기 때문입니다.

미국 내 주요 언론의 무수한 비판과 견제에도 불구하고 대선에서 트럼프는 힐러리 클린턴을 누르고 대통령에 당선되었습니다. 대선 이듬해인 2017년 1월 트럼프 대통령 취임식 날 언론에서 이전의 대통령에 비해 취임식 참석자 수가 크게 줄었다는 보도를 내보내자 트럼프의 불만은 폭발하고 말았습니다.

트럼프는 "언론은 입을 다물라, 언론은 국민의 적이다." 등 취임식 날부터 언론을 향해 독설을 퍼부었습니다. 언론 역시 트럼프에게는 역대 대통령과는 달리 100일 동안의 허니문 기간을 주지 않고 곧바로 '트럼프의 선거 공약은 실현 가능성이 거의 없다.'라며 날선 비판을 쏟아 냈습니다. 이에 트럼프는 언론과 벌이는 기 싸움에서 초반부터 밀리면 4년 임기 동안 고전을 면치 못할 것으로 생각해 언론과 전쟁을 치르기로 마음먹었습니다.

트럼프가 대통령이 되어서도 트위터를 통해 국민과 하는 직접 소통에 치중하자 주변 사람들이 이를 말리며 주류 언론과 좋은 관계를 유지하라고 권유했지만 별다른 소용이 없었습니다. 트럼프는 국민과 소통하는 대신 자신을 따르는 지지층과 나누는 소통을 원했기 때문입니다. 트럼프는 "트위터 덕분에 부정직한 언론을 피할 수 있게 되었다."라고 말하며 기존 신문과 방송에 대한 강한 불신과 적대감을 드러냈습니다. 또 취임하자마자 "백악관 출입 기자단과 하는 연례 만찬회에 불참하겠다."라고 선언해 언론과 함께할 생각이 없음을 분명히 했습니다.

주류 언론 대부분이 트럼프를 싫어했지만 보수 성향 매체인 '폭스 뉴스 채널Fox News Channel'은 트럼프와 궁합이 잘 맞았습니다. 트럼프가 폭스 뉴스 채널을 즐겨 보는 언론 매체라고 말할 만큼 이들 간에는 공통분모가 많았습니다. 그동안 폭스 뉴스 채널은 언론의 공정성이나 사명보다는 보수 성향의 국민만을 위한 방송 프로그램을 제작해 물의를 일으켰습니다. 오바마 대통령은 폭스 뉴스 채널이 '오바마는 사회주의자다.'라는 가짜 뉴스를 만들어 자신을 공격하자 "폭스 뉴스

도널드 트럼프에게 우호적인
폭스 뉴스 채널

는 언론사도 아니다."라고 말하며 폭스 뉴스와는 되도록 인터뷰하지 않았습니다.

트럼프가 자신뿐 아니라 공무원에게도 기존 언론 매체와 접촉을 피하도록 명령하면서 국민은 정부가 어떻게 운영되는지 제대로 알수 없게 되었습니다. 이는 역대 정권이 국민에게 가능한 많은 정보를 공개하던 관례와는 다른 정책입니다. 트럼프가 언론과 전쟁을 선포하고 자신이 좋아하는 특정 매체만 상대하는 것은 언론과 나누는 소통을 중시하는 미국식 전통에 맞지 않습니다. 또 미국은 국민이 나라의 주인인 민주주의 국가이기 때문에 트럼프에게는 언론을 통해 국민의 소리를 들어야 하는 의무가 있습니다. 그동안 미국 언론이 대통령, 의회, 법원 등 권력을 남용해 국민을 괴롭힐 수 있는 국가 권력을 철저히 감시하고 비판하는 역할을 충실히 해 왔기 때문에 초강대국 미국이 민주주의 국가로 남을 수 있었습니다.

헬렌 토마스 기자는 2013년 세상을 떠나기 전에 "대통령이 언론과 나누는 적극적인 소통을 통해 국민에게 신뢰감을 주지 못하면 절대로 좋은 지도자가 될 수 없다."라고 말하며 '언론과 하는 소통이야말로 국가 지도자가 지녀야 할 기본적인 자질'이라는 교훈을 남겼습니다. 또한 국민 대다수는 국가 권력뿐 아니라 대기업, 교육 기관, 종교 단체, 언론 스스로를 비판함으로써 사회가 부패하지 않도록 만드는 소금과 같은 역할을 하는 것이 언론의 변치 않는 사명이라고 생각하고 있습니다.

★

신문의 몰락이 불러온
언론의 위기

지난 수백 년간 신문은 사람들이 정보를 접하는 가장 중요한 수단이었다. 그동안 신문사는 유일한 언론 기관으로서 막강한 영향력을 행사했다. 그러나 제2차 세계대전 이후 거대한 방송사가 잇달아 등장하면서 신문사에 위기가 찾아왔다. 방송은 세계에서 벌어지는 일을 실시간으로 생중계하면서 신문보다 빨리 정보를 전달했다. 게다가 방송에서 내보내는 동영상은 신문의 사진이나 글자보다 훨씬 생동감을 주기 때문에 방송의 영향력은 신문을 뛰어넘었다.

신문은 신속성과 생동감에서는 방송에 뒤처졌지만 깊이 있는 정보를 제공하면서 살아남았다. 이를테면 유명한 연예인이 자살하면 방송은 실시간으로 자살 소식을 전하기에 급급하지만, 신문은 연예인이 자살한 이유와 유명 인사의 자살이 사회에 미치는 영향 등 다양한 관점에서 사건을 분석할 수 있다. 즉 신문은 현장감을 생명으로 하는 방송이 줄 수 없는 깊이 있는 정보를 제공하면서 생존했다.

2000년대 들어 인터넷이 널리 보급되면서 신문사에 두 번째로 위기가 찾아왔다. 신문사는 물론 방송사도 앞다투어 인터넷으로 정보를 전달하자 사람들은 굳이 돈을 들여 신문을 볼 필요가 없게 되었다. 신문은 판매량이 많을수록 높은 광고료를 받는 구조이기 때문에 신문 판매량의 급감은 신문사의 최대 수입원인 광고 수입 감소로 이어졌다.

게다가 페이스북, 트위터, 유튜브 같은 SNS가 일상화되면서 신문사에 세 번째 위기가 찾아왔다. SNS가 등장하기 이전까지만 하더라도 정보를 공급하는 일은 신문사와 방송국의 몫이었다. 그동안 신문사는 신문 판매량이 줄어들었지만 온라인판을 통해 광고 수입을 거두어들였기 때문에 근근이 생존했다. 그러나 스마트폰을 가진 사람이라면 누구나 SNS를 통해 정보를 제공할 수 있게 되면서 정보 제공은 더는 언론사의 전유물이 되지 못했다.

2018년 미국의 신문사가 도산 위기에 몰리자 인터넷 검색 엔진으로 세계적인 기업의 반열에 오른 구글이 도움의 손길을 내밀었다. 구글 경영자는 "신문사가 성공하지 못하면 구글도 성공할 수 없다."라고 말하며 신문사가 살아남을 수 있도록 경제적 지원을 하겠다고 약속했다. 구글 사용자가 특정 정보를 얻기 위해 검색창에 단어를 입력하면 상당수는 신문사가 제공하는 기사에서 정보를 찾을 수 있다. 따라서 신문사가 사라지면 양질의 정보를 제공하는 공급자도 사라지게 되어 구글의 존재 이유가 크게 줄어들 수밖에 없다.

지난 수백 년간 정보 전달에 큰 역할을 한 신문사들은 외부 환경이 불리하게 바뀌면서 생존 위기에 몰리게 되었다. 이는 모두에게 좋은 일이 아니라는 공감대가 전 세계 사회에 형성되고 있다.

— 4장 —

단순한 지식 습득이 아닌 쓸모 있는 것을 배우는

미국의 교육 제도

미국 최초의 대학이 설립되다

1620년 종교의 자유를 찾아 미국 땅에 정착한 청교도 대부분은 일정 수준 이상의 교육을 받은 지식인이었습니다. 청교도는 미국 땅에 도착하자마자 제일 먼저 교회를 세우는 동시에 학교를 만들어 자녀 교육에 힘을 기울였습니다.

1636년 매사추세츠 식민지 의회는 개신교 목사를 양성하기 위해 뉴 칼리지New College 대학을 설립했습니다. 이 대학은 교수 1명, 학생 10여 명에 불과한 작은 학교였는데 재정난으로 학교를 운영하기도 쉽지 않았습니다.

영국 최고 명문 케임브리지 대학 출신 목사였던 존 하버드 John Harvard는 1638년 31세라는 젊은 나이로 요절하기 전에 그가

존 하버드

미국에서 세 번째로 오래된 대학인 예일 대학

가진 재산의 절반과 300권이 넘는 장서 전부를 뉴 칼리지 대학에 기부했습니다. 당시 존 하버드가 기부한 돈은 현재 가치로 수백만 달러에 이르러 학교는 재정난을 단번에 해소할 수 있었습니다. 뉴 칼리지 대학은 존 하버드 목사를 기리기 위해 학교 이름을 하버드 대학교로 바꾸고 교정에 그의 동상을 세웠습니다.

　하버드 대학 설립 이후 이민자가 늘어나면서 미국 곳곳에 대학이 설립되었습니다. 미국 전역의 수많은 대학 가운데 하버드를 비롯해 예일Yale, 1701, 펜실베이니아Pennsylvania, 1740, 프린스턴Princeton, 1747, 컬럼비아Columbia, 1754, 브라운Brown, 1764, 다트머스Dartmouth, 1769, 코넬Cornell, 1865까지 미국 북동부에 있는 8개의 명문 사립 대학을 아이비리그_{Ivy League}*라고 부릅니다.

모두에게 교육의 기회를 제공하는 대학 교육의 대중화

1930년대 이전까지만 하더라도 미국 대학의 수준은 유럽에 비하면 상당히 낙후되어 있었습니다. 시설은 크게 뒤지지 않았지만 교수진이 문제였습니다. 과학, 철학, 예술, 사회학, 심리학 등 거의 모든 분야에서 유럽이 학문을 주도했습니다. 여기에는 뛰어난 유대인 석학들이 지대한 공헌을 했습니다. 그런데 1933년 독일에서 아돌프 히틀러가 권력을 잡은 뒤 유대인 박해가 시작되자 독일에 살던 유대인 학자가 미국으로 건너오면서 미국 대학의 수준이 이전보다 한 단계 높아졌습니다.

1939년 제2차 세계대전이 일어나 히틀러가 영국을 제외한 유럽 대륙 대부분을 정복하자 이전보다 훨씬 많은 유대인 학자가 미국으로 건너왔습니다. 이때 유럽에서 미국으로 건너온 세계 최고 수준의 물리학자만 100명이 넘었습니다. 각 분야를 대표하는 세계 최고 수준의 석학들이 탄압을 피해 미국으로 모이자 미국은 더는 학문의 불모지가 아니었습니다.

---

* Ivy는 미국의 오래된 대학에 담쟁이덩굴로 덮인 건물이 많은 데서 비롯한 말이다. League는 1954년에 학교 간 스포츠 교류의 하나로 결성한 스포츠 경기 리그에서 유래했다.

제2차 세계대전 이전까지만 하더라도 미국의 대학 교육은 상류층의 전유물이나 다름없었습니다. 국가의 재정 지원을 받는 유럽 대학들은 학비를 내지 않거나 저렴했지만 미국 사립 대학들은 서민층이 감당하기 불가능할 정도로 학비가 비쌌습니다.

그런데 1944년 6월, 제2차 세계대전이 막바지로 치달을 무렵 당시 미국 제32대 대통령 프랭클린 루스벨트는 혁신적인 프로젝트를 밀어붙였습니다. 참전한 군인의 학비를 전액 지원해 주는 복지 정책으로 공부할 의사만 있다면 대학에 진학할 수 있도록 했습니다. 이를 위해 루스벨트가 대규모 정부 예산을 편성하려고 하자 기득권층이 거세게 반대했습니다. 정부가 가난한 젊은이를 위한 무상 교육 정책을 추진할 경우 기득권층이 부담해야 하는 세금이 늘어나기 때문입니다.

귀족이나 평민 같은 신분 제도가 없었던 미국 사회에서 대학 졸업은 사회적 지위를 결정하는 중요한 요소로 작용했습니다. 따라서 대학 졸업자가 적으면 적을수록 대학 졸업장을 가진 사람에게 유리한 구조였기 때문에 기득권층은 대학 문을 넓히려는 계획에 반대했습니다. 하지만 루스벨트의 신념을 막을 수는 없었습니다.

1945년 8월, 제2차 세계대전이 끝나자 전쟁터에서 돌아온 젊은이 수백만 명이 대학에 진학했습니다. 대학마다 몰려드는 학생을 수용하기 위해 건물을 증축하고 교수진을 확충했습니다. 그러나 대학으로 몰려드는 젊은이들을 수용하기에는 턱없이 부족했습니다. 이 때문에 미국 전역에서 새로운 대학이 생겨났고 참전 군인들에게 충분

제2차 세계대전을 계기로 입학 문턱이 낮아진 UCLA 대학

한 배움의 기회를 제공했습니다.

시간이 흐르자 대학에서 양질의 고등 교육을 받은 젊은이가 세상에 쏟아져 나왔고 이들은 이전보다 훨씬 많은 임금을 받았습니다. 전문 지식을 갖춘 대졸자가 사회 곳곳에서 활약하자 미국의 국가 경쟁력은 비약적으로 향상되었습니다.

루스벨트는 이들에게 대학 학자금 지원뿐 아니라 주택 구입 자금

제2차 세계대전을 기점으로 늘어난 미국 중산층

도 지원해 주었습니다. 참전 용사들은 직장을 잡은 뒤 정부 보조금으로 근사한 집도 살 수 있었습니다. 대학을 졸업하고 잔디가 깔린 정원이 있는 멋진 집에서 살며 자가용으로 출퇴근하는 사람들이 미국의 전형적인 중산층 모습이었습니다. 1950년대가 끝날 무렵 미국은 모두가 고루고루 잘사는, 세계에서 중산층이 가장 두꺼운 나라가 되었습니다.

평등한 교육 기회를 얻지 못한 소외된 흑인 학생들

1896년 미국 연방 대법원은 흑인 학생과 백인 학생을 분리해 교육하더라도 동일 서비스만 제공한다면 문제가 없다는 판결을 내렸습니다. 연방 대법원이 앞장서서 흑백 분리 교육을 합법화하면서 미국 교육은 철저히 인종별로 이루어졌습니다.

1954년 5월 연방 대법원이 인종별 교육을 금지하고 나서야 흑인과 백인이 함께 공부할 기회가 생겨났습니다. 얼 워런Earl Warren 대법원장은 백인 학교와 흑인 학교를 따로 운영하던 남부 주 정부에 빠른 시일 내에 흑백 통합 학교를 운영하라고 판결했습니다. 이를 위해 흑인 학생이 백인 학교에 다니기를 원하면 주 정부는 통학용 버스를 제공해야 한다고 판결했습니다. 하지만 남부 주들은 연방 대법원의 판결에 완강히 저항했습니다. 법이 바뀌었다고 해서 백인의 마음까지 바뀌지는 않았기 때문에 인종별 분리 수업은 계속되었습니다.

1963년 '남부의 심장'이라 불릴 정도로 인종 차별이 극심했던 앨라배마주에서 역사적인 사건이 발생했습니다. 앨라배마 대학에 합격한 흑인 학생 20명이 자신들의 권리를 누리기 위해 등굣길에 올랐지만 인종 차별주의자인 앨라배마 주지사 조지 월리스George Wallace는 경찰력을 동원해 학생들의 등교를 막는 만행을 저질렀습니다. 백인 학생들도 '우리는 검둥이를 저주한다.'라는 피켓을 들고 흑인

인종별 교육을 금지한 연방 대법원장 얼 워런

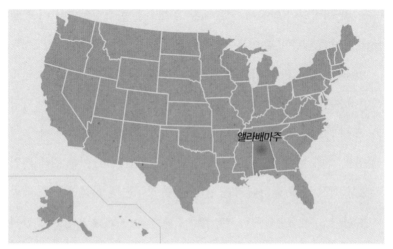

인종 차별이 극심했던 앨라배마주 위치

학생들의 등교를 막으려 했습니다.

존 F. 케네디 대통령은 월리스에게 흑인 학생의 학습권을 보장해 주라고 요구했지만 소용이 없었습니다. 케네디는 최후의 수단으로 군대를 동원해 학생들의 등굣길을 지켜 주었습니다. 그 덕분에 흑인 학생은 백인 학생과 함께 대학을 다닐 수 있게 되었습니다.

시간이 흐르자 흑인이 다니지 못하는 공립 학교는 사라졌지만 사립 학교의 경우는 사정이 달랐습니다. 개인이 설립한 사립 학교는 정부의 재정 지원을 받지 않는 대신 학생 선발부터 교육 과정에 이르기까지 모든 것을 자율적으로 정할 수 있었습니다. 공립 학교에 다니던 백인 학생은 공립 학교에 흑인 학생의 비율이 늘어나면 사립 학교로 전학했습니다. 웬만한 사립 중·고등학교의 등록금은 대학 학비만큼 비싸 가난한 흑인 학생이 사립 학교에 입학하는 것은 그림의 떡이나 다름없었습니다.

1954년 연방 대법원 판결 이후 흑인과 함께하기를 거부하는 부유층 백인은 사립 학교를 선택하면서 그들만의 교육 환경에서 공부할 수 있게 되었습니다. 그런데 1991년 연방 대법원이 인종 분리 정책을 막기 위해 주 정부에 통학용 버스를 운용하라는 정책을 포기하고 집 근처의 학교에 다니도록 하면서 새로운 인종 분리가 시작되었습니다. 모든 학생이 가까운 학교에 다니게 되자 도심에 사는 흑인과 교외에 사는 백인이 함께 공부할 기회가 사라져 갔습니다. 가난한 흑인은 주로 도심의 슬럼가에 살지만 부유한 백인은 교외의 한적한 주택가에서 살았기 때문에 서로 볼 기회가 없어졌습니다.

미국의 공립 학교는 기본적으로 지역 주민의 세금으로 운영되기 때문에 흑인 학교와 백인 학교 간의 수준 차이가 사회 문제로 대두되었습니다. 부유한 백인 지역의 공립 학교는 많은 세금 덕분에 사립 학교 못지않은 좋은 시설과 유능한 교사를 확보할 수 있었습니다. 실제로 부유층 밀집 지역의 공립 학교 교사는 명문대를 나오거나 석사 학위 이상의 엘리트가 많고 이들

흑인 탄압에 앞장선 앨라배마 주지사 조지 월리스

은 높은 수준의 연봉을 받습니다. 학부모 역시 교육열이 높아 학교에 입학하기 전부터 예체능을 비롯한 다양한 교육을 자녀에게 시키며 학교 교육 과정도 꼼꼼히 살피는 수고를 마다하지 않습니다.

이에 반해 흑인 지역의 학교는 재정 부족으로 학교 운영을 위해 꼭 필요한 교사조차 충원하기 어렵습니다. 게다가 교사들에게 적은 연봉을 줄 수밖에 없어 실력 있는 교사를 채용할 수가 없습니다. 박봉에 시달리는 흑인 학교 교사의 이직률은 백인 학교보다 압도적으로 높으며 설령 학교를 떠나지 않더라도 열정적으로 학생을 가르치는 모습은 보기 힘듭니다.

대부분 저임금 비정규직 노동자로 일하는 흑인 부모는 학교 교육 이외에 다른 교육은 엄두도 내지 못하기 때문에 흑인 학생의 학업 성취도는 백인 학생에 비해 크게 떨어질 수밖에 없습니다. 열악한 학교 시설, 열정이라고는 찾아볼 수 없는 무기력한 교사로 가득한 학교생활에 흥미를 느끼는 흑인 학생은 많지 않으며 이는 높은 자퇴율이 증명합니다.

흑인 밀집 지역 고등학생의 중도 탈락 비율은 절반에 이릅니다. 남학생의 경우 학년이 높아질수록 범죄와 마약에 빠져들고 여학생은 3분의 1 이상이 원하지 않는 임신으로 학업을 계속할 수 없는 처지에 몰립니다. 흑인 학교 학생 가운데에서도 뛰어난 학생이 있지만 대학 입학 사정관의 인정을 받기란 낙타가 바늘구멍에 들어가는 것처럼 힘듭니다. 이는 미국의 대학이 고등학교를 수준별로 분류해 우수한 고등학교의 학생을 우선으로 선발하기 때문입니다.

미완으로 끝난 공교육 개혁

워싱턴 D.C.는 미국의 수도이자 전 세계를 움직이는 정치 1번지입니다. 이곳에는 미국 정치의 중심을 이루는 국회의사당, 백악관, 연방대법원 등 수많은 기관이 있고 이곳에서 일하는 미국 최고의 엘리트들이 살고 있습니다. 또 기업이나 단체 등 특정 이익 집단을 위해 일하는 로비스트 수만 명도 이곳에 사는데 이들 역시 최고의 교육을 받은 엘리트입니다. 미국과 수교한 나라의 대사관도 워싱턴 D.C.에 자리 잡고 있기에 대사관에서 일하는 외교관 역시 워싱턴 D.C.의 구성원을 이루고 있습니다.

그렇지만 워싱턴 D.C.는 오랫동안 미국 전역에서 학생들의 학업 성취도 수준이 가장 낮은 곳이었습니다. 이는 도시의 인종 구성과 밀

미국 정치 중심지인 워싱턴 D.C.

접한 관련이 있습니다. 워싱턴 D.C.는 미국에서 흑인이 전체 인구의 과반을 차지하는 도시입니다.

1863년 1월 에이브러햄 링컨_{Abraham Lincoln} 대통령이 남북 전쟁 도중에 노예 해방 선언을 하자 미국 전역의 수많은 흑인이 자유를 찾아 링컨이 있는 워싱턴 D.C.로 몰려들었습니다. 흑인이 워싱턴 D.C.로 쏟아져 들어오자 도시에 살던 백인은 흑인을 피해 교외 지역으로 이주했습니다. 교외에 사는 엘리트 백인은 낮에는 시내로 들어와 업무를 보고 퇴근한 뒤에는 도시 밖에 있는 집으로 돌아갔습니다.

도심에 남게 된 흑인은 제대로 된 일자리를 얻지 못해 극심한 생활고에 시달렸고 이들이 사는 지역은 빈민가로 전락했습니다. 역대 미국 대통령은 백악관 인근에 있는 흑인이 절대다수를 이루는 공립 학교 대신 사립 학교에 자녀를 보냈습니다. 오직 제39대 지미 카터 대통령만이 자녀를 공립 학교에 보내 흑인과 함께 공부하도록 했습니다. 인권을 무엇보다도 소중히 생각한 지미 카터는 흑인과 백인이 하나가 되는 세상을 만들기 위해 자녀를 흑인이 절대 다수인 공립 학교에 보냈는데 이는 미국 사회에 신선한 충격을 주었습니다.

자녀를 공립 학교에 보낸 지미 카터 대통령

버락 오바마 대통령의 자녀가 다닌 시드웰 프렌즈

2008년 대선에서 흑인인 버락 오바마가 대통령에 당선되자 시선이 집중되었습니다. 오바마는 정계에 진출하기 이전까지 시카고의 빈민가에서 흑인의 교육 환경 개선을 위해 헌신해 온 인물로 두 딸을 어느 학교로 보낼지가 관심의 대상이었습니다. 더구나 유세 기간에 "공립 학교를 살려야 미국 교육이 살아날 수 있다."라고 주장하며 공교육의 중요성을 누누이 강조한 터라 사람들은 오바마가 지미 카터처럼 딸들을 공립 학교에 보낼 것이라고 생각했습니다.

오바마에게 절대적인 지지를 보낸 흑인들은 그가 공립 학교에 두 딸을 보내기를 원했습니다. 하지만 오바마는 고심 끝에 두 딸을 워싱턴 D.C.에 있는 유명한 사립 학교인 시드웰 프렌즈Sidwell Friends에 보냈습니다. 그도 처음에는 딸들을 공립 학교에 보내려고 했으나 학교를 둘러본 뒤 열악한 환경에 크게 실망해 마음을 접었습니다. 정부에서

상대적으로 뒤떨어지는
공립 학교에 다니는 아이들

정한 최저 학력 수준을 통과한 학생이 10% 남짓이었기 때문입니다. 이와 같이 워싱턴 D.C.의 교육 환경은 최악으로 아무런 희망이 없는 상태였습니다.

그런데 2007년 37세인 젊은 여성 미셸 리Michelle Rhee가 워싱턴 D.C.의 교육감으로 부임하면서 개혁의 물결이 일어났습니다. 지난 수십 년 동안 워싱턴 D.C.의 교육감 자리는 흑인 남성의 전유물이나 다름없었으나 새로운 시장이 여성을 임명하면서 주민들에게 새로운 인식을 심어 주었습니다. 미셸 리는 한국계 이민 2세로 아이비리그의 명문 코넬 대학과 하버드 대학에서 공부를 마치고 볼티모어에서 초등학교 교사로 사회생활을 시작했습니다. 그녀는 아이들을 가르치는 동안 공교육이 성공하려면 무엇보다도 교사의 역할이 중요하다는 점을 깨달았습니다.

지난 수십 년 동안 정부의 교육 예산은 계속해서 늘었지만 학생들의 학업 성취도가 제자리에서 벗어나지 못하는 데에는 교사들의 책임이 크다고 생각했습니다. 미셸 리가 워싱턴 D.C. 교육감이 되자마자 가장 먼저 시작한 일은 무능한 교사를 교단에서 쫓아내는 것이었습니다. 근무 평점이 낮은 교사 260여 명을 집단 해고하고 교장의 3분의 1 이상을 교체했습니다. 또한 지역 내 146개 학교 중 23개교의 문을 닫도록 했습니다.

미셸 리는 교사가 학생을 열심히 가르치지 않는 원인이 정년 보장이라고 판단해 정년 보장 제도를 철폐했습니다. 대신 매년 학생과 학부모가 교사를 평가하는 교원 평가제를 도입해 열의가 없거나 능력이 부족한 교사를 퇴출했습니다.

미셸 리가 급진적인 교육 개혁 정책을 펼치자 교원 노조를 중심으로 강력한 저항이 이어졌습니다. 하지만 미셸 리는 공교육 개혁을 위해 채찍만 휘두른 것이 아니라 열심히 아이들을 가르치는 교사를 위한 보상 제도도 만들었습니다. 학생들의 성적을 올린 교사는 성과급을 받았고 승진에서도 절대적으로 유리했습니다.

또 많은 예산을 쏟아부어 지역 내 낙후된 학교 시설을 정비하고 컴퓨터, 과학 실험 장비, 운동용품 등 교육 수준을 높이기 위한 조치를 취했습니다. 신규 교사를 임용할 때는 시범 강의를 통해 얼마나 열정적으로 아이들을 가르치는지 확인한 뒤 채용했습니다. 그녀의 생각대로 교사가 바뀌자 학생도 바뀌었습니다. 지역 내 학생의 학업 성취도가 해마다 큰 폭으로 상승하자 미셸 리의 공교육 개혁 정책은 전국적인 관심을 받았습니다.

〈워싱턴포스트〉, 〈타임〉 등 미국의 저명한 언론은 앞다투어 미셸 리를 공교육 개혁의 아이콘으로 추켜세우며 그녀의 업적을 칭송했습니다. 하지만 미셸 리는 3년 만에 워싱턴 D.C. 교육감 자리에서 내려와야 했습니다. 그녀를 임명한 시장이 선거에서 패하자 더는 자리를 유지할 수 없었기 때문입니다. 미셸 리의 공교육 개혁 정책은 미완으로 끝났지만 수많은 국민에게 새로운 자극을 주었고 이후 곳곳에서 공교육 개혁이 일어나는 출발점이 되었습니다.

공교육 문제를 개선하기 위해 학부모가 만드는 차터 스쿨

1991년 미네소타주에서는 공교육 개혁을 위한 새로운 도전이 시작되었습니다. 공교육 개혁의 필요성을 절감한 학부모들은 학생과 학부모의 요구를 최대한 학교 운영에 반영하는 사립 학교의 장점을 공립 학교에 도입하는 방안을 찾기 위해 고심했습니다. 그 결과 등장한 것이 차터 스쿨Charter school입니다.

차터 스쿨이란 학부모나 교육에 관심이 있는 단체가 그들이 추구하는 교육 목표를 설정하고 이를 실현하기 위해 교사 채용, 과목 선정 등 학사 운영에 필요한 세부 계획을 정부에 제출해 설립 허가를 받은 학교입니다. 즉 대안 학교의 성격을 지닌 공립 학교입니다.

정부는 학교 설립 계획서가 타당하다고 판단되면 학교 운영에 필요한 모든 재원만 지원하고 간섭하지 않기 때문에 차터 스쿨은 정부

미국 공교육에 새로운 바람을 일으킨 차터 스쿨

가 모든 학사 일정에 개입하는 공립 학교와는 다릅니다. 일종의 자율형 공립 학교인 차터 스쿨은 여러 면에서 장점이 많습니다. 우선 학부모와 학생이 원하는 교육이 이루어지기 때문에 만족도가 높습니다. 학부모가 주인 의식을 갖고 학교 운영에 적극적으로 참여하기 때문에 교사도 긴장할 수밖에 없습니다. 또한 정부가 교육비 전액을 지원하기 때문에 학생은 양질의 교육을 무상으로 받을 수 있어 공짜로 사립 학교에 다니는 효과가 있습니다.

미네소타에서 시작된 차터 스쿨의 장점이 입소문을 타고 퍼져 나가자 미국 전역에 다양한 형태의 차터 스쿨이 등장했습니다. 차터 스쿨 대부분이 명문대 진학을 목표로 하지만 인성 교육이나 예체능 등 다양한 목표를 가진 차터 스쿨이 설립되어 선택의 폭이 넓어졌습니다. 그러나 그 수가 많지 않다 보니 인기 있는 차터 스쿨의 경우 입학 경쟁률이 치열합니다. 입학 시험은 법으로 금지하기 때문에 입학 정원을 넘어서면 추첨을 통해 학생을 선발합니다.

한편, 공교육 부실 문제를 줄일 수 있는 좋은 대안인 차터 스쿨도 적지 않은 문제점을 갖고 있습니다. 우선 한정된 공교육 예산이 차터 스쿨에 사용되다 보니 기존 공립 학교에 배정되는 예산이 줄어드는 현상이 발생했습니다. 이는 가뜩이나 부실한 공교육 시스템을 더욱 부실하게 만드는 원인이 되며, 차터 스쿨에 입학하지 못한 학생들에게 상대적 박탈감을 주게 되었습니다.

미국 전역의 차터 스쿨 중 부실한 학사 운영으로 문제를 일으키는 학교가 속출하고 있습니다. 하지만 정부로부터 완전한 자율권을 보장받기 때문에 일반 공립 학교처럼 정부가 개입하기가 쉽지 않습니다. 정부는 차터 스쿨 부실화 문제를 해결하기 위해 지원 기간을 3년에서 5년 사이로 정해 일정 기간마다 재정 지원 여부를 심사합니다. 차터 스쿨 설립자가 설정한 목표를 정부의 재정 지원을 받은 기간 동안 완수하지 못하면 정부는 인가를 취소하거나 강제로 폐교할 수 있는 권한이 있습니다.

글로벌 인재로 키우는 엘리트 교육, 보딩 스쿨

미국의 중·고등학교는 크게 공립 학교와 사립 학교로 구분됩니다. 사립 학교는 다시 기숙사가 있는 보딩 스쿨Boarding school과 기숙사가 없

교육 환경을 최상으로
제공하는 밀턴 아카데미

는 데이 스쿨Day school로 나뉩니다.

보딩 스쿨은 학교 내에서 모든 교육 과정과 숙식까지 해결하기 때
문에 학비가 상당히 비쌉니다. 미국 전역에 있는 2만 7,000여 개 사
립 학교 중 보딩 스쿨은 300여 개에 불과할 정도로 그 수가 적습니
다. 학비가 비싼 만큼 경제 여유가 있는 학생만 문턱을 넘을 수 있습
니다. 보딩 스쿨에는 엘리트 교육을 원하는 학생들이 모여드는데 특
히 매사추세츠주, 코네티컷주 등 북동부 지역에 있는 명문 보딩 스쿨
은 미국을 넘어 전 세계의 인재를 끌어 모으고 있습니다.

조지 부시 대통령 부자父子가 다닌 필립스 아카데미 앤도버, 존 F.
케네디 대통령을 배출한 초우트 로즈마리 홀, 밀턴 아카데미, 세인트
폴스 스쿨 등 몇몇 명문 보딩 스쿨은 해마다 수많은 졸업생을 아이

비리그에 합격시키며 부러움을 사고 있습니다. 연간 수만 달러에 이르는 값비싼 학비에도 불구하고 명문 보딩 스쿨에 입학하려는 사람이 줄을 서는 것은 사회적 성공을 위한 인맥을 구축하는 데 더할 나위 없이 유리하기 때문입니다.

미국 상류층을 비롯해 전 세계 상류층 출신의 학생들은 명문 보딩 스쿨에서 수년간 동고동락하면서 친분을 맺게 되고 여기에서 만들어진 인연을 평생 동안 이어가게 됩니다. 이들 대부분이 미국의 명문 대학에 진학하지만 성인이 되어서 만난 인연보다는 성장기를 함께한 고등학교 동문에 더 애착을 갖기 마련입니다.

학생들은 전 세계에서 모여든 인재들과 경쟁하며 실력을 키우는 동시에 인종과 국경을 뛰어넘는 강한 연대감을 지니게 됩니다. 또한 명문 보딩 스쿨의 교육 과정이 일반 고등학교와는 비교할 수 없을 정도로 우수한 면도 매력으로 작용합니다. 교사 대부분이 명문대 출신으로 대부분 석사나 박사 학위를 갖고 있습니다. 교사 한 명이 담당하는 학생 수가 적어 밀도 높은 수업이 가능하고, 장서 수십만 권을 보유한 대학 수준의 도서관도 갖추고 있습니다.

골프, 승마, 수영, 아이스하키, 조정, 음악, 미술 등 다양한 예체능 활동을 교내에서 해결할 수 있습니다. 대학에서 배우는 과목도 미리 배울 수 있는데 이는 대학 입학 때 유리하게 작용합니다. 동아리 활동도 활성화되어 있어 학창 생활 동안 다양한 경험을 할 수 있습니다.

이와 같이 명문 보딩 스쿨이 제공하는 수준 높은 교육 과정을 통해 재학생들은 글로벌 리더가 지녀야 할 소양을 갖춥니다. 보딩 스쿨에서 특별한 경험을 한 졸업생들은 사회에서 성공을 거둔 뒤 기꺼이 거액의 기부금을 모교에 기부합니다. 이런 기부금 덕분에 튼튼한 재정을 확보한 학교는 더 좋은 교육 과정을 학생들에게 제공하면서 명문 학교로서 지위를 다지고 있습니다.

뛰어난 인재를 빨아들이는 블랙홀, 미국 노벨상을 석권하다

아돌프 히틀러의 유대인 박해 때문에 미국으로 몰려든 유대인 지식인 덕분에 미국은 유럽을 추월할 수 있었습니다. 극소수 엘리트가 국가 발전에 이바지할 수 있음을 깨달은 미국은 제2차 세계대전 종전 뒤에도 인재를 영입하기 위해 문을 활짝 열어 놓았습니다.

독일에서 미국으로 귀화해 시민권을 받는 알베르트 아인슈타인

수많은 노벨상 수상자를 배출한 MIT 대학교(위)와 스탠포드 대학교

대학은 뛰어난 역량을 지닌 인재를 교수로 모시기 위해 많은 연봉과 함께 연구에 몰입할 수 있는 좋은 환경을 제공합니다. 정부도 학자들이 마음껏 연구할 수 있도록 충분한 연구비와 장비를 제공합니다. 연구자가 수십 년 동안 아무런 성과를 올리지 못하더라도 책임을 추궁하지 않고 기다려 주는 것을 관례로 삼고 있습니다. 노벨상을 받을 만한 업적을 내려면 단기간 하는 연구로는 불가능하며 오랜 기간 부단한 연구가 필요하기 때문입니다.

미국이 엘리트 지식인에게 환경을 최상으로 제공하자 전 세계에서 뛰어난 인재가 이주해 왔고, 이는 국가 경쟁력의 강화라는 결실로 돌아왔습니다. 제2차 세계대전 이전까지만 하더라도 노벨상은 유럽의 독무대나 다름없었지만 종전 이후에는 미국이 휩쓸고 있습니다. 미국은 평화상과 문학상을 제외한 과학, 의학, 경제학 분야에서 거의 매년 노벨상을 석권하며 무서운 저력을 보여 주고 있는데, 여기에는 미국으로 귀화한 학자들이 큰 역할을 하고 있습니다.

지금까지 노벨상을 받은 미국인 3명 중 1명은 외국 출신으로 그 비중이 계속 늘어나고 있습니다. 이는 2016년 노벨 화학상, 물리학상, 경제학상을 받은 미국인 6명 모두가 외국에서 이주해 온 사람인 점을 통해 확인할 수 있습니다. 이들은 모두 미국에서 대학 교수로 재직하면서 최상의 환경에서 학자로서 마음껏 역량을 펼칩니다.

미국 입장에서는 세계의 인재를 블랙홀처럼 빨아들이는 것이 학문과 국가 발전을 위한 지름길이지만, 인재가 썰물처럼 빠져나가는 국가로서는 손해가 막심합니다. 2014년 노벨 물리학상 수상자로 일본계 미국인 나카무라 슈지_{Shuji Nakamura} 캘리포니아 주립 대학 교수가 선정되자 미국은 환호했지만 일본은 탄식했습니다.

1954년 일본에서 태어난 나카무라 슈지는 도쿠시마 대학을 졸업하고 1979년 중소기업인 니치아화학공업사의 연구원으로 입사했습니다. 그가 관심을 가진 분야는 청색 LED_{발광 다이오드} 개발이었습니다. LED는 빛을 발산하는 반도체 소자로 백열등이나 형광등보다 에너지 효율이 높아 오늘날 광원으로 널리 활용되고 있습니다. 하지만 그가 연구를 시작한 1970년대만 하더라도 상용화가 불가능하다고 여긴 기술이었습니다.

형광등같이 하얀빛을 내려면 녹색·적색·청색 광원이 필요합니다. 오래전 미국과 유럽 과학자들은 녹색과 적색 LED를 만드는 데 성공했지만 청색 LED를 만드는 데는 계속 실패했습니다. 이에 세계 과학자들은 청색 LED를 만드는 것은 현재로서는 불가능하다고 생각해 개발을 거의 포기한 상태였습니다. 하지만 나카무라는 10년이 넘는 세월 동안 연구에 매달린 끝에 1993년 드디어 청색 LED 개발에 성공했습니다. 불가능하다고 여긴 첨단 기술을 일본 중소기업 연구원이 개발하자 세계는 깜짝 놀랐습니다.

청색 LED가 개발됨으로써 비로소 LED는 하얀빛을 낼 수 있게 되었고 형광등과 백열등을 대체할 수 있게 되었습니다. LED는 가정용 조명으로만 사용되는 것이 아니라 TV, 모니터, 스마트폰 등 다양한

청색 LED를 개발한
나카무라 슈지

전자 제품의 백라이트[*]로 사용되면서 회사에 엄청난 수익을 안겨 주었습니다. 백열전구를 대체할 LED를 완성한 나카무라는 '일본의 에디슨'이라고 불리며 국민의 존경을 한 몸에 받았습니다. 하지만 정작 회사에서는 업적에 맞는 대접을 받지 못했습니다. 니치아화학공업사는 해마다 수천억 원이라는 수익을 안겨 준 나카무라에게 규정에 따라 겨우 상여금 2만 엔만 지급하는 데 그쳤습니다.

1999년 회사를 그만둔 나카무라는 니치아화학공업사를 상대로 정당한 대가를 요구하는 소송을 제기했습니다. 하지만 개인보다 조직을 우선시하는 일본 사회에서 자신이 몸담고 있던 회사를 상대로 소송을 제기한 그를 좋게 보는 사람은 많지 않았습니다. 회사 연구실에

* LCD(액정 표시 장치) 패널 뒤에 위치하여 화면 뒷부분을 비추는 조명 장치

서 개발된 모든 기술은 회사의 지적재산권으로 여기는 풍조가 일본의 오랜 전통이었기 때문에 나카무라가 개발한 청색 LED 기술은 당연히 회사 소유였습니다.

나카무라가 궁지에 몰릴 때 미국이 도움의 손길을 내밀었습니다. 캘리포니아 주립 대학은 많은 연봉과 향후 연구 성과물에 대한 지적재산권을 인정해 주는 조건을 제시했습니다. 캘리포니아 주립 대학 교수로 임용된 나카무라는 일본보다 훨씬 좋은 환경을 제공한 미국에서 연구에 몰두해 수많은 신기술을 개발하는 데 성공했습니다. 그러고는 2014년 미국 국적으로 노벨 물리학상을 받는 영광을 누렸습니다.

나카무라가 미국에서 큰 성공을 거두자 일본 내에서 반성의 목소리가 흘러나왔습니다. 일본 사회의 분위기가 바뀌지 않는다면 제2의 나카무라가 언제든지 나타날 수 있기 때문입니다. 이 같은 인재 유출은 일본뿐 아니라 전 세계가 겪는 고민이기도 합니다. 해마다 과학·수학 분야에서 천부적인 재능을 지닌 인도의 수많은 인재가 더 나은 삶을 위해 미국행 비행기를 탑니다. 이들은 미국 대학에서 장학금을 받고 학업을 마친 뒤 미국 기업이나 연구소에 취업해 미국의 발전에 공헌하고 있습니다.

IT 기술 인재로 영입된 아시아계, 미국 교육 환경을 바꾸다

1960년대 미국의 침례교회 목사이자 흑인 해방 운동가 마틴 루서

킹_{Martin Luther King}이 주도한 흑인 인권 운동의 영향으로 백인과 흑인이 같은 학교에 다니게 되자, 백인은 자녀를 사립 학교로 전학시켰습니다. 또한 흑인이 많이 살지 않는 교외로 이주해 그들만의 세상을 만들었습니다. 백인 부모는 흑인이 학습 환경을 망친다는 이유에서 자녀를 흑인 학생과 분리했습니다. 흑인 청소년은 공부보다는 스포츠나 대중 예술에 관심이 많다는 이미지가 강했기 때문에 교육열이 강한 백인 부모는 흑인과 함께 교육하는 환경을 꺼렸습니다.

1990년대 이후 인도, 중국, 한국 등 아시아 출신 이민자가 미국으로 이주해 오면서 또다시 백인의 학교 탈출이 일어났습니다. 1990년대 IT_{정보 통신 기술} 혁명이 일어나면서 미국은 제조업 중심의 산업 사회에서 지식 기반 사회로 변신했습니다. 미국의 IT 기업은 생존과 번영을 위해 전 세계에서 인재를 영입했는데 이 과정에서 아시아 출신 인재가 대거 유입되었습니다.

이전까지 미국행 이민자의 상당수가 가난을 탈피하기 위해 모국을 떠나는 경우가 많았습니다. 모든 것이 풍족한 미국에서는 허드렛일을 하더라도 먹고살 수 있기에 가난한 사람들은 아메리칸드림을 꿈꾸며 미국으로 향했습니다. 하지만 정보 통신 기술 혁명 이후 미국에 유입된 사람들은 최상의 교육을 받은 유능한 인재들이었습니다. 따라서 미국 기업에서 최고의 대우를 받으면서 정착한 아시아계 인재들은 백인이 거주하는 교외에 정착해 자녀를 백인 학교에 보냈습니다.

교육열이 남다른 아시아계 이주자의 자녀는 학교에서 두각을 드러

학업에서 두각을 발휘하는 아시아인

내며 백인 학생을 제치고 최상위권을 형성했습니다. 특히 과학·수학 분야에서 탁월한 능력을 보여 주었는데, 이는 백인 학생과 부모에게 엄청난 스트레스였습니다. 아시아계 학생이 최상위권을 장악하자 명문 대학 진학에 불리해진 백인 학생이 아시아계 학생이 다니지 않는 사립 학교로 전학하는 현상이 벌어졌습니다.

백인 학부모들은 아시아계 학생과 학부모가 명문대 진학에 목을 매는 모습을 탐탁지 않게 생각했습니다. 자녀의 건전한 성장을 위해서는 과학, 수학 등 학교 과목뿐 아니라 예술, 스포츠 등 인성 형성과 밀접한 분야도 중요합니다. 그러나 백인 학부모의 눈에 비친 아시아계는 오로지 성적을 올리는 일과 명문 대학 진학에만 관심이 있는 입시열이 뜨거운 사람이었습니다.

백인이 교외 지역의 학교를 떠나자 아시아계 학생이 너무 많아지

수학이나 과학 분야에서 두각을 발휘하는 인도인

는 상황이 벌어졌습니다. 실제로 아시아 출신 이주자가 많이 사는 실리콘밸리 인근의 학교는 과거 백인 일색이었지만 지금은 아시아인이 가득합니다. 어떤 학교는 학생의 60~70%가 아시아계일 정도로 인종별 균형이 무너졌습니다. 아시아계가 미국 전체 인구에서 차지하는 비율이 5% 남짓인 것을 볼 때 특정 학군의 학교에 너무 많은 아시아계 학생이 있음을 알 수 있습니다.

아시아계 학생 비율이 높은 학교에서는 학생 간의 경쟁이 과열되면서 문제가 발생하고 있습니다. 학생들이 경쟁에서 뒤지지 않기 위해 밤잠도 자지 않은 채 극심한 공부 스트레스에 시달리고 있습니다. 또 학교 내에서 다양한 문화를 접할 기회를 상실하면서 아시아계 학생은 문화적 소외감마저 느끼게 되었습니다.

원하는 대로 학생을 선발하는 특례 입학 제도

미국의 사립 학교는 정부의 간섭 없이 원하는 대로 학생을 선발할 수 있습니다. 따라서 사립 대학의 수만큼이나 다양한 입학 제도가 있습니다. 아이비리그로 대표되는 미국의 명문 사립 대학은 오래 전부터 특례 입학 제도를 실시하고 있습니다. 특례 입학에는 거액의 돈을 학교 발전 기금으로 기부하고 입학하는 기부금 입학제, 해당 대학의 졸업자, 즉 동문 자녀를 우선으로 입학시키는 동문 자녀 특례 입학제, 교직원과 사회 유명 인사의 자녀에 대한 특례 입학 제도 등 그 종류도 다양합니다.

아이비리그 대학은 입학 정원의 10% 이상을 특례 입학 제도로 채우며 해마다 지원자 수천 명에게 특혜를 주고 있습니다. 평범한 미국인의 상당수가 특례 입학 제도에 반대하지만 이 제도는 미국 사립 대학의 유지를 위해 없어서는 안 될 요소입니다.

특례 입학 중에서도 거액의 돈을 기부하고 입학하는 기부금 입학은 극히 예외적으로 이루어집니다. 억만장자가 자녀의 대학 입학을 위해 수백만 달러에서 수천만 달러의 기부금을 내는 경우도 있지만 이는 대학 측에서 그다지 선호하지 않습니다. 미국의 주요 대학은 모든 학생에 대해 공정하면서도 엄격하게 학사 관리를 하는데 실력이 부족한 학생이 입학하면 얼마 견디지 못하고 도태되고 맙니다. 이런 현상이 수시로 벌어지면 학교 이미지가 크게 손상되기 때문에 돈을 기부하고 하는 입학은 꺼립니다.

하지만 일부는 기부금 입학제에 대해 적극적으로 찬성표를 던지기도 합니다. 부자가 기부금을 내고 입학하면 그 돈이 가난한 학생에게 많은 혜택으로 돌아갈 수 있기 때문입니다. 기부금 입학생 한 명만 들어와도 학생 수십 명이 장학금 혜택을 통해 무상 교육을 받을 수 있습니다.

2016년 제45대 미국 대통령 선거 기간에 기부금 입학 문제가 미국 사회를 시끄럽게 했습니다. 이는 공화당의 대선 후보 도널드 트럼프의 사위이자 핵심 참모였던 재러드 쿠슈너Jared Kushner가 기부금 250만 달러를 내고 하버드 대학에 입학했다는 소문이 퍼지면서 비롯되었습니다. 소문은 민주당 후보 힐러리 클린턴 진영에서 퍼뜨렸습니다.

특례 입학 논란에 휩싸인 재러드 쿠슈너

민주당 측은 주장의 신빙성을 높이기 위해 쿠슈너의 고등학교 교사까지 총동원했습니다. 언론에 등장한 교사들은 평범한 학생에 지나지 않던 쿠슈너가 세계 최고 명문 대학인 하버드 대학에 입학한 사실에 의문을 제기하며 부정 입학을 한 것 같다는 분위기를 조성했습니다. 이에 쿠슈너는 자신은 부정 입학한 적이 없고 하버드 대학을 우등으로 졸업한 사실을 밝히며 억울함을 호소했습니다. 이 문제가 트럼프 진영에 치명적인 영향을 미치지 못한 이유는 쿠슈너가 하버드 대학을 우수한 성적으로 졸업했기 때문입니다.

주류층의 기득권 유지 논란을 낳는 동문 자녀 입학제

부모의 재력만으로 대학에 들어가는 기부금 입학제는 다양성을 추구하는 미국 사회에서도 그다지 환영받지 못해 아이비리그 대학은 졸업생 자녀에게 입학의 우선순위를 부여하는 동문 자녀 입학제를 선호합니다. 아이비리그 졸업생은 모교에 대한 사랑이 남달라 사회에서 성공을 이룬 동문 상당수가 모교 발전을 위해 능력이 닿는 만큼 기부금을 내는 것을 당연하게 생각합니다. 일 년에 수백만 달러라는 거금을 선뜻 내놓는 동문도 많습니다.

하버드 대학만 하더라도 동문에게서 지금까지 무려 400억 달러에 육박하는 기부금을 거두어들였습니다. 하버드 대학 총장의 임무 중 하나가 성공한 동문에게서 기부금을 거두어들이는 것이라는 말이 있을 정도로 동문 기부금은 대학의 유지와 발전을 위해 중요한 역할을 합니다.

동문 자녀 입학제가 있어 성공한 졸업생은 자녀를 위해 기꺼이 기부금을 내는데, 이는 대를 이어 기부금을 받을 수 있어 학교 측에 큰 이익이 됩니다. 이 제도는 백인 주류층의 기득권 유지에도 상당히 좋은 제도입니다. 조지 W. 부시 대통령은 할아버지와 아버지가 예일 대학 동문으로 별다른 어려움 없이 예일 대학에 합격했습니다. 제45대 부통령을 지낸 앨 고어 Al Gore 의 자녀들 역시 아버지의 후광을 업고 하버드 대학에 입학해 많은 뒷말을 남겼습니다.

또 대학마다 체육 특기생 선발 제도를 운용하는데 이 역시 상류층 자녀들의 아이비리그 입성을 위한 방편으로 활용되고 있습니다. 특례 입학이 가능한 종목은 승마, 폴로, 요트, 조정, 골프 등 돈이 없으면 할 수 없는 운동으로 상류층의 전유물이나 다름없습니다.

명문 대학이 상류층 자녀, 특히 권력을 가진 사람의 자녀를 선호하는 이유는 정치인과 좋은 관계를 유지해야 국책 과제 수주와 연구비 지원을 받는 데 유리하기 때문입니다. 교수 자녀 역시 특례 입학의 대상입니다. 이는 노벨상을 받거나 학계에서 명망이 높은 학자를 초빙하는 데 자녀 특례 입학만 한 것이 없기 때문입니다.

20세기에 들어서자 유대인 학생이 두각을 드러내며 아이비리그 대학에 대거 합격하는 일이 벌어졌습니다. 기존 주류층은 유대인을 견제하기 위해 입학 사정관 제도를 동문 자녀 특례 입학 제도와 결부해 운용하기 시작했습니다. 유대인 고등학생이 미국의 대학 입학 자격 시험SAT에서 최상위 성적을 받고 아이비리그를 석권하자 기존 주류층은 입학 사정관 제도를 강화했습니다.

입학 사정관 제도는 SAT 성적은 낮더라도 공부 이외의 분야에 잠재력이 있는 학생을 선발하기 위한 명분으로 도입되었습니다. 하지만 실제로는 유대인 학생의 입학을 제한하는 데 활용되었습니다. 유대인 학생은 만점에 가까운 SAT 성적을 받고도 입학 사정관에 의해 탈락하기 일쑤였습니다. 이에 반해 동문 자녀는 낮은 SAT 성적을 받았음에도 입학 사정관의 눈에 들어 합격하는 사례가 많았습니다.

최근에는 아시아계 학생이 과거 유대인이 당했던 것과 비슷한 차별을 받고 있습니다. 아시아계 학생은 교내에서 전교 1등을 하고, 수학·과학 분야의 경시대회에서 수상하고, SAT에서 만점을 받더라도 아이비리그에 들어가지 못하는 경우가 많습니다. 입학 사정관의 문턱을 넘지 못했기 때문입니다.

백인 입학 사정관은 아시아계 학생에게 '달달 외우는 공부는 잘하지만 창의력, 도전 정신, 리더십이 부족한 사람들'이라는 선입견을 갖고 있어 아시아계 학생은 불이익을 당하기 쉽습니다. 이처럼 백인이 주류인 미국 사회에서 특정 인종이나 특정 집단이 두각을 나타내면 백인은 보이지 않는 장벽을 만들어 자신들의 기득권을 유지하고자 합니다.

하버드 대학의 두 얼굴

만약 어떤 기업이 350억 달러 이상 현금을 보유하고 있다면 초우량 기업이라고 불릴 만한 충분한 자격이 있습니다. 이는 일부 초우량 글로벌 기업을 제외하고는 이만한 거액을 보유하고 있는 회사가 없음을 의미합니다.

하버드 대학의 보유 자산은 350억 달러에 달합니다. 해마다 기부금이 쏟아져 들어오기 때문에 하버드 대학의 현금 자산은 계속해서 늘어날 수밖에 없습니다.

하버드 대학은 엄청난 현금을 보유한 만큼 학생의 등록금에 의지하지 않고 경제적으로 어려운 학생에게 장학금을 지급하고 있습니

미국 최고 명문 대학 중 하나인 하버드 대학

다. 또 높은 연봉을 제시하며 전 세계에서 스타급 교수를 초빙해 학생에게 양질의 교육을 제공하고 있습니다. 하버드 대학 교수는 충분한 연구비를 학교로부터 지원받아 탁월한 성과를 내고 있습니다. 역대 노벨상 수상자 중에서 하버드 대학 교수 출신이 많은 것은 결코 우연이 아닙니다.

하버드 대학 졸업생은 최상의 교육을 받는 만큼 사회 각 분야에서 탁월한 능력을 발휘하고 있습니다. 정치 분야에서는 제2대 대통령 존 애덤스를 시작으로 시어도어 루스벨트, 프랭클린 루스벨트, 존 F. 케네디, 버락 오바마 등 대통령 8명이 하버드 대학을 졸업했습니다. 이외에도 수많은 연방 상·하원의원을 배출하며 미국 정치권의 인재 공급소 역할을 하고 있습니다.

하버드 대학 졸업생은 경제 분야에서도 맹활약을 펼치고 있습니다. 2015년 기준으로 세계 10억 달러 이상 재산을 보유한 억만장자 중 하버드 경영대학원 출신이 64명으로 가장 많습니다. 이는 21세기 들어 정보 통신 바람을 타고 약진을 거듭하고 있는 서부의 명문 스탠퍼드 대학 출신의 억만장자 23명보다 세 배 가까이 많은 수입니다. 또 글로벌 기업의 최고 경영자나 월스트리트의 금융 전문가 중 하버드 경영 대학원 출신이 가장 많습니다.

의학이나 법학 분야에서도 하버드 대학은 타의 추종을 불허할 정도로 독보적인 지위를 차지하고 있습니다. 하버드 로스쿨 출신은 한

때 연방 대법관 9명 중 6명을 차지한 것을 비롯해 지금도 미국 법조계의 요직에 두루 포진해 있습니다. 하버드 의대 역시 전 세계 대학 중 가장 많은 노벨 의학상 수상자를 배출하며 의학 분야에서 최고의 권위를 자랑하고 있습니다.

하버드 대학 출신이 사회 각 분야에서 큰 성공을 이루다 보니 동문의 기부 금액도 미국 전체 대학 중에서 가장 많습니다. 매년 10억 달러 이상의 기부금이 들어옵니다. 2015년 하버드 경영 대학원 출신 금융인 존 폴슨_{John Paulson}은 학교 발전을 위해 4억 달러라는 거금을 선뜻 내놓았습니다. 성공한 하버드 대학 출신 동문은 서로 도우며 영향력을 확대해 가고 있습니다.

하버드 대학의 눈부신 약진 뒤에는 어두운 그늘도 존재합니다. 과거에는 부모가 가난하거나 평범한 직업을 가진 사람의 자녀도 하버드 대학에 많이 입학했습니다. 하지만 최근 들어서는 상류층 자녀가 아니면 학교 문턱을 넘기가 쉽지 않습니다. 합격생의 상당수가 매년 수만 달러에 달하는 등록금을 내는 명문 사립 학교 출신이기 때문에 평범한 가정의 자녀는 하버드 대학에 진학하기가 쉽지 않습니다. 게다가 해마다 입학 경쟁률이 높아지면서 학교에서 요구하는 조건도 늘어나고 있어 일반 가정 출신이 하버드 대학에 들어갈 확률은 더욱 낮아지고 있습니다.

30년 전 버락 오바마는 다른 학생에 비해 학부 성적이 뛰어나지 않았지만 하버드 대학은 컬럼비아 대학 졸업 뒤 빈민가에서 인권 운동을 하다가 뒤늦게 로스쿨의 문을 두드린 그를 흔쾌히 받아 주었습니다. 하지만 최근에는 이런 일이 좀처럼 일어나지 않습니다. 주로 기득권층 자녀가 입학하고 학맥을 활용해 기득권층에 계속 머무르고 있습니다. 건국 당시부터 왕이나 귀족 같은 특권 계층이 없었던 미국에서 이제 학벌은 사람을 구분하는 수단으로 활용되고 있으며 하버드 대학이 그 정점에 있습니다.

비판받는 학벌 위주의 사회

1970년대까지만 하더라도 미국 사람들은 학벌에 그다지 집착하지 않았습니다. 학문에 관심 있는 사람은 대학에 갔지만 그렇지 않은 사람은 고등학교를 졸업한 뒤 자신이 원하는 분야로 진출해 경력을 쌓았습니다. 고등학교 졸업자라도 자신만의 기술이 있다면 사회적으로 괜찮은 대접을 받았기 때문에 군이 비싼 학비를 내며 대학에 진학할 필요가 없었습니다. 유명한 토크쇼 진행자나 아나운서 중 대학 졸업장이 없는 사람이 적지 않았는데, 이는 미국이 학벌보다는 능력을 중시하는 사회였기 때문입니다.

1990년대에 들어 미국의 제조업이 몰락하자 일자리 감소 현상과 함께 실업률이 치솟았습니다. 제조업에서 경쟁력을 잃은 미국 경제는 금융 산업과 IT 산업에서 활로를 찾았는데, 이들 신산업 분야는 대학에서 전문적인 교육을 받은 인재가 필요합니다. 게다가 금융 산업과 정보 통신 기술 산업에 종사하는 사람의 연봉이 다른 직종에서

고등학교 중퇴 학력으로
ABC 방송국 앵커로 활약한
피터 제닝스

일하는 근로자에 비해 훨씬 높다 보니 학부모는 자녀를 대학에 보내기 위해 노력했습니다.

금융 기관이 밀집한 월스트리트나 IT 기업이 모여 있는 실리콘밸리에서 단번에 일확천금을 손에 쥔 사람들이 쏟아져 나오자 밑바닥부터 차근차근 경력을 쌓아 가는 다른 분야의 일은 마치 시간 낭비처럼 여겨졌습니다. 특히 아이비리그 졸업장은 이들 신산업 분야에 진입하기 위한 최상의 도구였습니다.

미국의 보통 사람은 연간 수만 달러에 달하는 비싼 학비를 마련하는 것이 쉽지 않기 때문에 주로 대출을 받아서 해결합니다. 이로 인해 대학을 졸업할 무렵에는 빚에 허덕이는 사람이 많습니다. 게다가 돈을 많이 버는 좋은 일자리는 대부분 아이비리그 출신의 몫이기 때문에 명문 대학 졸업장이 없으면 원하는 일자리를 갖기도 쉽지 않습니다. 대학을 졸업하더라도 제자리를 찾지 못하는 사람이 늘어나자 유럽을 배우자는 움직임이 일고 있습니다.

유럽의 우수 국가인 독일의 경우 튼튼한 제조업을 기반으로 지속적인 성장을 하고 있습니다. 금융 산업이나 정보 통신 기술 산업이 미국만큼 발달하지는 않았지만 자동차, 정밀 기계, 화학 등 전통적인 제조업을 통해 양질의 일자리를 만들어 내고 있습니다. 이들 산업에 종사하는 숙련된 근로자는 대학 졸업자 이상의 사회적 지위를 지니며 많은 연봉을 받아 남부러울 것 없는 삶을 살고 있습니다. 이에 미국의 수많은 지식인이 심각한 사회 낭비를 불러오는 학벌 위주의 사회에서 벗어나야 한다고 주장하고 있습니다.

미국 교육의 경쟁력_우수한 사립 중·고등학교와 명문 대학

현행 미국의 교육 제도는 모순이 많습니다. 공립 중·고등학교의 교육 수준은 사립 학교보다 현저히 낮을 뿐만 아니라 여느 선진국에 비해 낙후되어 있습니다. 다른 선진국에 비해 현저히 수준 낮은 교육 과정, 열정이 부족한 교사, 목표 의식 없는 학생 등 미국의 공교육은 해결하기 쉽지 않은 난제를 안고 있습니다. 특히 가난한 흑인 밀집 지역은 더욱 형편없습니다. 미국의 부실한 공교육 시스템은 공립 학교 학생들의 학력 저하로 이어집니다. 미국의 공교육 수준은 선진국 중 하위권을 맴돌고 있습니다. 만약 허술한 공교육 시스템만 있었다면 미국은 결코 선진국 반열에 오를 수 없었을 것입니다.

미국 교육 경쟁력의 원천은 우수한 사립 중·고등학교와 명문 대학입니다. 동부의 명문 사립 대학 아이비리그뿐만 아니라 각각의 주 정부가 세운 주립 대학 역시 최고 수준의 교육을 제공합니다. 주립 대학은 아이비리그보다 학비가 저렴하고 문턱도 낮고 많은 학생을 뽑아 지역 인재들에게 각광받고 있습니다.

미국 대학은 비싼 학비로 국민의 불만을 사기도 하지만 좋은 대학일수록 학생들을 제대로 교육해서 사회로 배출합니다. 그 때문에 세계 각지에서 수많은 유학생을 끌어들이고 있습니다. 전 세계에서 100만 명이 넘는 학생들이 미국 대학에서 공부하고 있습니다. 이들에게서 거두어들이는 막대한 금액의 교육비는 대학의 재정을 튼튼하게 만들 뿐 아니라, 교육을 하나의 산업으로 만드는 데 기여했습니다.

하버드, 스탠퍼드, MIT 같은 명문 대학은 새로운 지식과 기술을 쏟아 내며 인류 문명의 발전에 큰 공헌을 하고 있습니다. MIT가 없었더라면 미국 공학 기술의 발전이 상당히 늦어졌을 것입니다. 또한 스탠퍼드 대학이 정보 통신 기술 산업 분야의 수많은 인재를 배출하지 않았더라면 오늘날의 실리콘밸리도 없었을 것입니다.

최고의 인재들이 모여드는
해군사관학교

미국의 사관학교는 미국 시민권 소지자에게만 입학 자격을 주기 때문에 외국에는 잘 알려지지 않았다. 그러나 미국에서는 하버드 대학에 들어가기보다 사관학교에 들어가는 것이 더 어렵다는 말이 나올 정도로 입학의 문턱이 높다. 3군 사관학교 중 메릴랜드주 아나폴리스에 있는 해군사관학교는 육군사관학교와 더불어 미국에서 들어가기 힘든 엘리트 양성 기관이다.

해군사관학교는 연방 정부가 전액 장학금을 지급하기 때문에 무상으로 최고 수준의 교육을 받을 수 있어 인기가 높다.

학생들이 해군사관학교에 입학하기 위해서는 고등학교 때부터 철저하게 준비해야 한다. 해군사관학교는 공부만 잘하는 학생을 선호하지 않기 때문에 교내에서 다양한 활동을 해야 한다. 특히 해군사관학교의 까다로운 체력 검사를 통과하기 위해 운동도 열심히 해야 한다. 실제로 해군사관학교 입학생 대부분이 고교 시절에 교내 미식축구 팀에서 주장을 맡거나 뛰어난 실력을 드러낸 경력을 갖고 있다.

공부와 운동을 잘한다고 해군사관학교에 입학할 수 있는 것은 아니다. 해군사관학교에 지원서를 내려면 미국 부통령, 연방 상원 또는 하원 의원의 추천서가 필수인데 웬만해서는 추천서를 받기가 쉽지 않다. 지원자 대비 합격률이 10%도 되지 않는 해군사관학교에 입학하면 그때부터 고생 길이 열린다. 신입생들은 입학하자마자 몇 주일에 걸친 고된 군사 훈련을 받는다.

이후로도 사관생도는 공부와 함께 끊임없이 체력 단련과 군사 훈련을 받아야 하기 때문에 일반 대학에 다니는 것보다 훨씬 어려운 학창 시절을 보낸다. 특히 해군사관학교는 이과 교육을 중시하기 때문에 수리 분야에 재능이 없으면 졸업조차 할 수 없다. 엘리트 장교를 양성하는 학교인 만큼 시험에서 부정행위를 하거나 거짓말을 하는 등 비양심적인 행동을 하면 퇴교당하거나 중징계를 받기 때문에 항상 바르게 생활해야 한다.

졸업 뒤에는 전원이 해군 소위로 임관한다. 국민의 세금으로 무상교육을 받은 만큼 5년 동안 의무적으로 군인으로 복무해야 한다.

해군 장교가 된 사람들은 군함을 지휘하거나 해군 조종사로 평생을 바다에서 나라 지키는 일에 앞장선다. 대부분의 국가에서는 육군이 국방의 핵심 역할을 하지만 세계를 관리해야 하는 미국은 해군이 중요하다. 미국은 국제 분쟁이 발생할 경우 문제를 해결하기 위해 항공 모함을 중심으로 한 대규모 군함을 현지에 급파하기 때문에 강력한 해군력이 필요하다. 대부분의 나라에서 전투기 운용은 공군의 몫이지만 항공모함을 핵심 전력으로 삼는 미국에서는 해군도 전투기 조종사를 육성한다.

미 해군은 전 세계를 작전 범위로 두고 활동하기 때문에 한 번 출항하면 수개월 동안 바다에서 생활해야 한다. 외부 세계와 단절된 망망대해에서 군사 작전을 하는 것은 큰 고역이지만, 최고의 엘리트를 양성하는 해군사관학교에 지원하는 학생은 해마다 줄을 잇고 있다.

5장

연방 법원과 주 법원으로 권력을 나눈

미국의 사법 제도

미합중국 최고 사법 기관, 연방 대법원

미국은 50개 주가 모여 하나의 나라로 구성된 연방제 국가입니다. 미국을 이루는 각 주는 국방, 외교 등 일부 분야를 제외하고는 독립적으로 운영되기 때문에 개별적인 국가나 다름없습니다. 이는 사법 시스템도 마찬가지여서 주마다 1심 법원부터 대법원까지 자율성을 가진 사법부가 존재합니다.

1787년 오늘날 '건국의 아버지들'이라 불리는 각 주의 대표는 필라델피아에 모여 연방 헌법을 제정하면서 각 주의 독립적인 사법권을 최대한 존중하는 동시에 막강한 권한을 가진 연방 대법원을 만들었습니다. 이는 각 주의 독립성을 보장하는 동시에 미국이 하나의 강력한 연방제 국가로서 조화롭게 발전할 수 있도록 한 조치였습니다. 또 독재자의 출현을 방지하기 위해 입법부, 행정부, 사법부의 역할과 권한을 철저하게 나누어 서로 침범하지 못하게 하는 3권 분립 시스템을 만들었습니다. 입법부 즉 의회는 법률 제정을 통해 대통령이 황제처럼 권력을 남용하지 못하도록 견제할 수 있고, 언제든지 국정 조

미국 사법 제도를 대표하는 연방 대법원

사와 청문회를 통해 행정부의 잘못을 따질 수 있습니다.

　미국 연방 대법원은 강력한 권한을 가진 기관으로 위헌 법률 심판을 통해 의회를 견제할 수 있습니다. 연방 대법원은 사건의 유무죄를 가리거나 형량을 결정하는 일반적인 재판을 하는 곳이 아닙니다. 헌법과 법률을 해석하고 의회가 헌법이 보장하는 국민의 기본권을 침해하는 법률을 만들 경우 위헌 재판을 내림으로써 악법을 폐기하는 역할을 하는 곳입니다. 또 행정부의 정책에 위헌 요소가 있을 때도 연방 대법원은 이를 중단시킬 권한이 있습니다.

　미국 연방 대법원의 권한이 막강해 연방 대법관을 뽑는 일은 대통령을 선출하는 일만큼 중요합니다. 대통령이 경륜과 인품을 갖춘 법조인 중 한 명을 연방 대법관 후보로 지명하면 상원 사법위원회에서

청문회를 열어 검증을 시작합
니다.

미국 연방 대법원 엠블럼

후보 검증은 대법관 지명자
가 지금까지 살아오면서 불법
을 저지른 적이 있는지, 대법
관직에 걸맞은 인격을 갖추었
는지 등 모든 측면에서 미국
최고의 권위를 갖는 연방 대법
관 자리에 적합한지를 샅샅이 들여다봅니다. 후보 검증이 워낙 철두
철미해 검증에 통과할 수 없는 결격 사유가 있는 법조인은 아예 연방
대법관이 되려는 시도조차 하지 않습니다. 후보 검증을 통과한 지명
자가 상원 전체 회의에서 과반수의 찬성을 얻으면 절차가 마무리됩
니다.

미국 헌법은 연방 대법관이 외부 환경에 영향을 받지 않고 오직 법
률과 양심에 따라 판단하도록 임기에 제한 규정을 두지 않습니다. 미
국 헌법 3조는 '연방 대법관은 선한 행동을 하는 동안 자리를 유지할
수 있다.'라고 규정해 연방 대법관은 의회의 탄핵을 받거나 죄를 지
어 검찰에 기소되지 않는 한 죽을 때까지 대법관직을 수행할 수 있
습니다. 연방 대법관은 임기 연장을 위해 의회나 대통령의 눈치를 볼
필요가 없어 소신대로 판결을 내릴 수 있습니다.

역사의 흐름을 바꾼 연방 대법원

　연방 대법원은 1789년에 설립된 이후 수많은 판결을 통해 미국 사회에 큰 영향을 미쳤습니다. 개신교 국가인 미국에서는 건국 이후부터 줄곧 기독교* 교리에 맞지 않는다는 이유로 낙태가 엄격히 금지되었습니다. 미국의 여성 인권 운동가들은 낙태를 여성의 권리라고 주장하면서 이를 인정할 것을 요구했습니다. 기독교 단체와 여성 인권 운동가들은 낙태를 두고 첨예한 대립을 하며 끊임없이 충돌을 빚어 왔는데, 1973년 연방 대법원이 낙태를 합법으로 규정하면서 비로소 논쟁은 끝을 맺었습니다.

　1987년 연방 대법원은 공립 학교에서 창조론에 대한 수업을 금지했습니다. 그동안 미국에서 성경은 특정 종교의 경전을 넘어 진리로 받아들여졌기 때문에 인간은 신의 피조물이었습니다. 공립 학교에서도 성경의 내용을 가르치고 기도 시간을 가졌으며 창조론을 불변의 진리로 받아들였습니다. 하지만 연방 대법원은 미국 헌법이 규정한 정치와 종교 분리의 원칙을 내세워 공립 학교의 창조론 교육을 금지했습니다.

　2015년에는 기독교에서 죄악시하는 동성 결혼을 합법으로 인정해 미국 사회에 큰 반향을 일으켰습니다. 연방 대법원은 낙태 허용, 창조론 교육 금지, 동성 결혼 허용 등 기독교 정신과 배치되는 판결을 내리면서 미국을 종교 국가가 아닌 세속 국가로 만들었습니다. 물론

---

* 예수를 구세주로 믿는 종교. 로마 가톨릭, 그리스 정교, 개신교(프로테스탄트)로 나뉜다.

기독교 신자들은 연방 대법원의 판결에 불만을 가졌지만 정교한 논리를 내세운 연방 대법원의 판결을 무턱대고 거부할 수만은 없었습니다.

2000년에 치러진 미국 대선은 연방 대법원의 정치적 영향력이 얼마나 대단한지를 보여 주는 사례입니다. 당시 공화당의 조지 W. 부시 후보가 민주당의 앨 고어Al Gore 후보에게 총 득표수에서는 뒤졌지만 선거인단의 수에서 앞서는 묘한 상황이 벌어졌습니다. 미국 대통령 선거 제도의 특성상 득표수에 상관없이 선거인단 538명 중 과반인 270명 이상을 확보하면 대선에서 승리하기 때문에 일어난 일이었습니다.

그런데 승부를 박빙으로 펼친 플로리다주에서 부정 선거 문제가 불거지면서 미국 사회를 혼란으로 몰아넣었습니다. 플로리다주에서 부시는 고어에게 2,700여 표 차로 겨우 승리를 거두었지만, 개표 과정에서 문제가 있었다는 의혹이 제기되면서 이를 확인하기 위해 일부 선거구에서 재검표가 이루어졌습니다. 그 결과 앨 고어의 표가 늘어나 두 사람의 표 차이가 400여 표로 크게 줄었습니다. 앨 고어 진영은 역전을 위해 플로리다주 전체에서 재검표가 이루어져야 한다고 주장했지만 부시 진

연방 대법원의 결정으로 대선에서 낙선한 앨 고어

영은 이를 극구 반대했습니다. 이는 결국 소송전으로 이어졌습니다.

　최종 결정은 연방 대법원의 몫으로 돌아갔습니다. 연방 대법원이 재검표를 하지 말라는 결정을 내리면서 2000년 대선은 부시의 승리로 마무리되었습니다. 앨 고어와 그를 지지한 수많은 유권자는 연방 대법원의 결정이 마음에 들지 않았지만 연방 대법원의 권위를 존중해 결정에 따랐습니다. 이와 같이 연방 대법원은 미국 사회가 맞닥뜨린 중요한 선택을 해야 하는 상황에서 미국 역사의 물줄기를 바꾸는 역할을 해 왔습니다.

연방 대법관 임명을 두고 일어나는 보수와 진보의 대결

　1789년 연방 대법원이 출발할 때만 하더라도 대법관은 6명에 불과했지만 1869년 정원이 9명으로 늘어나면서 지금까지 이어지고 있습

종신 고용이 보장되는 연방 대법관

니다. 연방 대법원의 힘이 막강하다 보니 미국의 양대 정당인 공화당과 민주당은 자신들의 정치 성향과 비슷한 인사를 연방 대법관으로 앉히기 위해 최선을 다합니다. 연방 대법관은 종신직이기 때문에 언제 공석이 생길지 그 누구도 알지 못합니다. 이로 인해 양당은 자리가 생길 때마다 치열한 경쟁을 벌입니다.

백인 이외 인종과 여성에게는 문이 좁은
연방 대법관에 임명된 소니아 소토마요르

실제로 1970년대 이후 연방 대법관의 평균 재임 기간은 26년으로 매우 깁니다. 보수 성향인 공화당 출신 대통령의 임기 중에 공석이 발생하면 여지없이 보수 인사를 대법관으로 지명합니다. 반면에 진보 성향인 민주당 대통령 임기 중에는 진보 성향을 가진 대법관을 임명합니다.

어느 당이 집권하든지 간에 1990년대 이전까지 연방 대법관은 개신교를 믿는 백인 남성이 주류였습니다. 1967년 흑인 대법관이 최초로 임명되었고, 1980년대에 들어서야 여성 대법관이 탄생할 정도로 백인 이외 인종과 여성에 대한 문턱이 높았습니다. 하지만 1990년대 이후 유대인이 두각을 나타내면서 기존의 개신교도 백인 남성 중심의 연방 대법원에 변화가 찾아왔습니다. 공석이 생길 때마다 유대인이 대법관으로 지명되면서 2016년에는 대법관 9명 중 3명이 유대인이었습니다. 미국 전체 인구에서 유대인이 차지하는 비율이 겨우 2% 남짓인 것을 볼 때 유대인의 약진은 대단한 일이었습니다.

2016년 2월 이탈리아계 안토닌 스칼리아Antonin Scalia 대법관이 갑작스럽게 세상을 떠나면서 정치권이 시끄러워졌습니다. 보수 성향의 스칼리아 대법관이 사망하기 전까지 연방 대법원은 보수 성향의 대법관이 5명이었고 진보 성향의 대법관이 4명이었습니다. 스칼리아가 사망하면서 진보와 보수의 균형이 4:4로 이루어졌습니다. 동성 결혼 합법화 등 사회에 큰 영향을 미친 판결은 대개 5:4로 결정된 경우가 많아 대법관 1명의 비중이 절대적이었습니다. 게다가 스칼리아 대법관은 총기 규제 강화에 반대하고 흑인에 대한 인종 차별 발언을 서슴없이 하는 등 연방 대법관 9명 중 가장 극우 성향으로 오바마 행정부의 정책에 발목을 잡던 인물이었습니다. 진보 성향을 지닌 민주당 출신 오바마 대통령은 이 기회에 진보 인사를 대법관으로 임명해 연방 대법원을 진보적으로 만들려고 했습니다. 그러나 공화당이 오바마 행정부의 계획에 제동을 걸어 양측 사이에 갈등이 빚어

2016년 급작스레 세상을 떠난 안토닌 스칼리아

졌습니다. 공화당은 임기가 1년도 남지 않은 오바마 대통령이 종신 직 대법관을 임명하는 것은 사리에 어긋난다고 주장하며 견제했습니다. 만약 오바마가 대법관 임명을 강행하면 공화당이 다수를 차지하고 있던 상원에서 승인해 주지 않을 것이라며 으름장을 놓기도 했습니다. 반면에 오바마 대통령은 대법관 임명은 헌법이 보장한 대통령의 고유 권한이라고 주장하며 공화당과 맞섰습니다.

오바마는 고심한 끝에 유대인을 대법관으로 임명했습니다. 공화당이나 민주당 할 것 없이 돈줄을 틀어쥐고 있는 유대인의 눈치를 보지 않을 수 없어 유대인을 대법관으로 지명한 것입니다. 그 때문에 공화당도 쉽사리 상원 승인 거부권을 행사하지 못했습니다.

민주주의적 다수결 원칙을 도입한 배심원 제도

영국의 식민지 시절에 미국인은 죄를 지으면 영국에서 파견한 판사에게 재판을 받아야 했습니다. 미국을 다스리던 영국 관리 대부분은 미국인을 무시했기 때문에 재판정에 선 미국인은 제대로 인권을 보장받지 못하고 불평등한 판결을 받기 일쑤였습니다. 재판은 비공개로 이루어졌고 형량은 명확한 규정에 따른 것이 아니라 판사 마음이었습니다. 건국의 아버지들은 영국에게서 독립을 쟁취한 뒤 재판 과정에서도 인권이 잘 보장되는 방법인 배심제를 채택했습니다.

배심 제도란 법률 전문가가 아닌 무작위로 차출된 일반 국민이 재판에 참여하여 피의자를 법정에 세울 것인지를 결정하고, 법정에 세

미국식 사법 제도의 특성 중 하나인 배심원 제도

울 경우 유무죄 여부를 결정하는 제도입니다. 이 제도는 다수결을 원칙으로 하는 민주주의의 원리를 법원에 도입한 것입니다. 판사 혼자서 재판의 모든 과정을 책임지게 되면 여러 가지 이유로 왜곡된 판결을 내릴 가능성이 있기 때문에 공정한 판결을 위해 국민을 재판에 참여시키는 배심 제도를 도입한 것입니다.

배심 제도를 채택하지 않은 나라에서는 검사가 피의자를 법정에 세울지를 결정하는 기소권을 가지며, 판사는 유무죄를 판단할 권한을 갖습니다. 미국식 배심제는 검사의 기소권과 유무죄에 대한 결정권을 배심원에게 주는 제도입니다. 미국 시민권을 지닌 성인이면 재산의 유무, 학력의 고하, 인종에 상관없이 누구나 배심원이 될 수 있습니다. 배심원이 되는 것은 헌법에 규정된 미국 시민의 권리이자 의무입니다.

국민이 주권자라는 생각이 뿌리내린 미국에서는 법원 민주화를 중시해 많은 주에서 판사도 선거로 선출합니다. 미국인은 국민의 생명, 재산, 자유를 다루는 판사야말로 그 사람의 속마음을 알 수 있어야 한다고 생각해 선거라는 검증 과정을 거쳐 판사를 선출하는 경우가 많습니다. 판사를 선거로 뽑지 않는 주에서는 주의회에서 선출하거나 주지사가 임명하는 방법을 채택하고 있습니다.

범죄인의 처벌을 목적으로 하는 형사 재판의 경우에는 가벼운 범죄 이외 모든 형사 재판에 시민 12명이 배심원으로 참여합니다. 다만 현역 군인, 소방관, 경찰 등 국가의 안위를 담당하는 특수한 직업에 종사하는 사람들은 본인이 원하더라도 배심원이 될 수 없습니다. 나이가 70세 이상인 연로자와 배심원으로 참여한 지 2년이 지나지 않은 시민 역시 배심원 모집 대상에서 제외됩니다.

2011년 1월 당시 현직 미국 부통령인 조 바이든Joe Biden은 델라웨어주 뉴캐슬 카운티New Castle County 법원의 배심원으로 차출되었습니다. 미국의 권력 서열 2위인 조 바이든은 공무 수행을 이유로 배심원 차출을 거절할 수 있었지만 시간에 맞춰 법정에 모습을 드러냈습

현직 부통령으로 배심원 의무를 수행한
조 바이든

니다. 백악관이 있는 워싱턴 D.C.에서 법원이 있는 델라웨어주까지는 상당히 먼 거리였지만 그는 법원에 출석했습니다. 바이든은 언론과 한 인터뷰에서 "부통령이라고 해서 다른 사람과 다르지 않습니다. 배심원으로 차출된 것을 영광으로 생각합니다."라고 말하며, 기꺼이 배심원 임무를 수행하고자 했습니다.

법원의 차출을 받고 재판정에 모인 모든 사람이 배심원이 되는 것은 아닙니다. 법원에 모인 예비 배심원 20명 중 8명은 검사나 피고인 측이 거부하여 재판정에는 최종적으로 12명만 들어갈 수 있습니다. 검사 측이나 피고인 측 모두에게 마음에 들지 않는 예비 배심원을 각각 4명씩 제외할 권한이 있습니다. 조 바이든 부통령도 최종 배심원으로 선정되지 못해 그날 워싱턴 D.C.로 발길을 돌려야 했습니다.

배심원 제도의 두 얼굴

배심원 제도는 여러 가지 장점이 있습니다. 우선 죄를 저지른 것으로 의심받는 사람의 유무죄 여부를 보통 사람들의 판단에 맡기다 보니 판사의 독단을 막을 수 있습니다. 판사가 일반인보다 법률 지식이 해박한 사람일지라도 언제든지 오판할 가능성이 있습니다. 또한 판사가 얼마든지 돈에 매수될 가능성이 있기 때문에 법률 지식은 부족하더라도 건강한 상식을 지닌 일반인들에게 유무죄의 여부를 결정하도록 하는 것입니다. 더구나 만장일치제를 도입했기 때문에 배심원들은 결정을 내리기 위해 토론을 거듭하며 뜻을 모아 신중하게 결론을 내릴 수 있습니다.

배심원은 사건에 대해서는 친구나 가족 등 누구에게도 말해서는 안 되는 비밀 유지 의무가 있습니다. 또 범죄 현장 방문, 피해자 가족과 하는 접촉 등 선입견을 줄 만한 행동은 해서는 안 됩니다. 배심원은 사안이 복잡한 재판에서 벌어지는 모든 사항을 기억할 수 없기 때문에 법원에서 필요 사항을 기록할 수 있는 수첩을 일괄적으로 지급받는데, 이것조차 사용에 제한을 받습니다. 집으로 돌아갈 때는 물론 화장실을 갈 때도 수첩을 들고 갈 수 없습니다. 이와 같이 까다로운 과정을 거친 뒤에 배심원들은 유죄나 무죄 평결*을 내리는데 판사는 특별한 사유가 존재하지 않는 한 배심원의 평결을 따릅니다.

배심원이 유죄 평결을 내리면 판사는 피고인에게 범죄에 합당한 형량을 결정합니다. 즉 미국의 사법 제도는 배심원이 사실 관계에 따라 유무죄를 판단하고 형량을 정하여 판사에게 올리면 판사는 법률 지식을 활용해 적정한 형량을 내리는 구조입니다. 배심원 제도는 중요한 사건을 건전한 상식을 가진 일반인의 시각으로 바라봄으로써 특권층에게 일방적으로 유리하게 판결이 나는 것을 막을 수 있다는 큰 장점이 있습니다. 하지만 이 역시 인간이 만든 제도이기 때문에 여러 가지 문제점을 안고 있습니다.

첫째, 많은 미국 시민이 배심원으로 차출되는 것을 좋아하지 않습니다. 배심원으로 차출되면 본인의 의사와 상관없이 짧게는 수일에

---

* 법원에서 배심원의 의견에 따라 유무죄를 결정하는 행위

서 길게는 수개월에 걸쳐 생업에 큰 피해를 받습니다. 온종일 법정에 나가 있어야 하기 때문에 생업을 이어 갈 수 없으며, 이에 대한 금전 보상은 턱없이 부족해 법정 최저 임금에도 훨씬 못 미칩니다. 이 때문에 미국인 대부분은 배심원 제도의 취지에 적극적으로 공감하면서도 본인이 배심원으로 차출되는 것은 꺼리는 이중적 태도를 보입니다.

둘째, 법률 지식이 없는 일반인을 배심원단으로 구성하다 보니 냉철한 법리가 아닌 감정에 의해 결정을 내리기 쉽습니다. 노련한 변호사는 이 점을 노려 피의 사건에 대한 동정심을 유발하기 위해 재판정에서 갖은 편법을 동원하기도 합니다. 그 대표 사례가 찰리 채플린의 친자 확인 소송입니다.

영국 출신 코미디언 찰리 채플린은 1913년 미국으로 건너와 할리우드에서 큰 성공을 거두었습니다. 그가 작품 활동을 통해 자본주의

찰리 채플린을 곤경에 몰아넣은 존 에드거 후버

의 모순점을 꼬집자, 당시 대통령을 능가하는 권력을 갖고 있던 FBI 국장 존 에드거 후버는 채플린을 사회에서 매장하기 위해 계략을 꾸몄습니다. 채플린을 파렴치한으로 만들기 위해 여배우 조안 배리Joan Barry를 사주해 사생아가 있는 것처럼 짰습니다. 두 사람이 한때 연인 관계였던 것은 사실이지만 둘 사이에는

자식이 없었습니다. 조안 배리가 낳은 아이는 다른 남자와 그녀 사이에서 태어난 아이였습니다.

FBI의 사주를 받은 조안 배리의 폭로는 도덕적 가치를 우선시하던 미국 사회에 엄청난 파장을 불러일으켰습니다. 채플린은 많은 사람의 존경을 받는 배우에서 한순간에 자식조차 제대로 돌보지 않는 파렴치한으로 전락하고 말았습니다. 조안 배리는 법원에 친자 확인 소송을 제기해 아이가 성인이 될 때까지 매달 일정 금액을 양육비로 달라고 요구했습니다. 재판이 시작되자 조안 배리가 고용한 변호사는 현란한 말솜씨로 배심원을 설득해 결국 승소 판결을 받는 데 성공했습니다.

변호사의 감언이설에 넘어간 배심원들은 아이를 혼자 키우고 있는 조안 배리에게 동정을 느낀 동시에 아내와 자식을 내팽개친 채플린에게 분노를 느꼈습니다. 채플린은 진실을 밝히기 위해 혈액형 검사 결과까지 제출하며 과학적으로 친자 관계가 성립될 수 없다고 주장했지만 허사였습니다. 배심원들 마음속에 채플린은 이미 사악하기 그지없는 인간으로 각인되었기 때문에 혈액 검사 결과는 중요하지 않았습니다. 결국 재판에 패소한 채플린은 부

찰리 채플린의 딸을 낳았다고 주장한 조안 배리

배심원 제도의 피해자가 된 찰리 채플린

도덕한 이미지를 뒤집어써야 했고, 다른 사람의 자식이 성인이 될 때까지 양육비를 지원해야 했습니다.

미국이 다인종 사회라고 하지만 전체 인구의 3분의 2 이상이 백인이기 때문에 상대적으로 백인 배심원의 비율이 높다는 점도 공정한 재판에 걸림돌이 되고 있습니다. 미국 사회에서 흑인은 예비 범죄자라는 고정 관념이 강하기 때문에 흑인이 재판정에 설 경우 유죄 판결을 받는 비율은 백인보다 높습니다. 또한 남성 배심원은 미인에게 관대해 피고인이 미모를 갖춘 여성일 경우 상대적으로 무죄를 받을 확률이 높다고 합니다.

미국 기업과 외국 기업 간에 특허를 비롯한 지적 재산권 문제가 발생하면 배심원은 애국심의 영향을 받기도 합니다. 첨단 기술 기업 사이에 발생하는 지적 재산권 다툼을 판단하기 위해서는 전문 지식이 필요합니다. 하지만 주로 일반인으로 구성된 배심원이 첨단 기술에 대한 전문 지식을 갖고 있을 확률이 낮아서 소송은 대부분 미국 기업에 유리하게 결론이 납니다. 졸속으로 이루어진 평결에 따라 외국 기업이 천문학적인 피해 배상금을 미국 기업에 무는 경우가 빈번히 일어나면서 외국 기업은 소송에 휩싸이지 않기 위해 긴장의 끈을 놓을수가 없습니다.

　배심원의 평결이 만장일치제라는 점도 적지 않은 문제를 안고 있습니다. 사실 12명이나 되는 배심원이 만장일치로 결론을 내리기란쉬운 일이 아닙니다. 배심원 12명 중 한 명이라도 반대하면 평결 불능이 됩니다. 이 경우 범죄자는 재판을 받지 않고 풀려나게 됩니다.실제로 극악무도한 죄를 지은 범죄자 중 일부는 평결 불능으로 처벌을 면하기도 합니다. 이 같은 문제점을 바로잡기 위해 오리건, 루이지애나 등 여러 주에서는 살인죄를 제외한 범죄에 대해서는 만장일치가 아닌 배심원 12명 중 10명이 찬성하면 유죄 평결을 내릴 수 있도록 제도를 바꾸었습니다.

　이처럼 배심원 제도는 장단점 모두를 갖고 있지만 미국 국민 대다수가 배심원 제도 자체를 없애는 일에는 반대합니다. 아무리 배심원제에 여러 가지 문제가 있더라도 판사의 독단을 막고 법원 민주화를이루기 위해서 배심원 제도가 도움이 된다고 생각하기 때문입니다.

변호사 왕국, 소송 만능주의에 빠지다

　미국은 자타가 공인하는 소송의 나라입니다. 130만 명이 넘는 변호사가 있고 뉴욕주에서만 해마다 1만 명 이상 신규 변호사가 쏟아져 나옵니다. 미국의 인구는 세계 인구의 5%에도 미치지 못하지만전 세계 변호사의 40% 이상이 몰려 있을 정도로 변호사 왕국입니다.

생계를 위해 소송을 부추기는 변호사

변호사가 많으면 수요와 공급의 원리에 의해 수임료가 내려가 주머니 사정이 여의치 않은 사람도 변호사의 도움을 받을 수 있다는 장점이 있지만, '소송 남발'이라는 엄청난 부작용이 생겨나기도 합니다.

법률 시장에서 넘쳐 나는 변호사들은 생계유지를 위해 불필요한 소송을 부추겨 미국을 '만인의 만인에 대한 소송 국가'로 만들었습니다. 지역 케이블의 방송 광고 시간마다 변호사가 등장해 소송 제기를 유도합니다. 경쟁이 치열한 변호사들은 사무실에 앉아 의뢰인을 기다리는 것이 아니라 직접 돈이 될 만한 곳을 찾아다닙니다. 병원 응급실로 환자가 실려 오면 다가가 가해자를 상대로 소송할 것을 적극 권유합니다.

때로는 의사를 상대로 소송을 남발하면서 심각한 사회 문제를 일으키고 있습니다. 의사가 절체절명의 순간에 환자를 살리기 위해서는 적극적인 의료 행위를 해야 하지만 행여 잘못되면 재판정에 서야 하기 때문에 소극적인 의료 행위를 하는 경우가 대부분입니다. 만약 의사가 소송에서 패하기라도 하면 전 재산을 날릴 수 있으므로 소송에 휘말릴 가능성이 많은 분야에 종사하는 의사는 재산을 가족 명의로 등록하는 경우도 많습니다.

재산이 있는 사람 역시 불안하기는 마찬가지입니다. 부자라도 자동차 사고나 과실을 일으키면 하루아침에 재산을 몽땅 날릴 수 있기 때문입니다.

소송은 개인의 권리를 구제하기 위해 꼭 필요하지만 공동체 내에서 발생하는 모든 문제를 재판으로 해결할 수 없을 뿐더러 '불신 사회'라는 부작용을 만들어 냅니다. 학교에서 시험 시간에 부정행위를 한 학생을 혼냈다는 이유로 소송당하는 교사도 부지기수입니다. 고민 상담을 위해 방문한 신자를 위로 차원에서 포옹했다가 성추행으로 몰린 가톨릭 신부의 경우 신자와 하는 접촉을 극도로 꺼리게 되었습니다. 이 정도의 소송은 미국에서 평범한 경우에 속합니다. 시립 골프장에서 골프를 치다가 벼락을 맞았다며 지방 자치 단체를 상대로 고소하고, 가족이 자살하자 이를 막지 못한 책임을 들어 장관을 고소하는 등 황당한 고소 사건도 비일비재합니다.

개인은 물론 정부 역시 사소한 꼬투리라도 잡히면 언제든지 송사에 휘말릴 수 있어 항상 조심합니다. 미국 전역에 산재해 있는 놀이

터의 시설물 중 조금이라도 사고 위험이 있는 것은 소송의 우려 때문에 모두 철거했습니다. 그러자 놀이터에서 뛰어놀지 못하게 된 아이의 부모가 아이가 체중이 불어났다는 이유로 정부를 상대로 소송을 벌이는 어처구니없는 일이 발생하기도 했습니다.

이와 같이 소송 만능주의에 빠진 미국에서는 한 해 1억 건 넘는 소송이 진행되며, 미국 사람들은 GDP국내 총생산의 2%에 해당하는 3,000억 달러가 넘는 돈을 소송 비용으로 사용하고 있습니다.

대기업의 횡포에 맞서다_징벌적 손해 배상 제도

미국은 자본주의 천국답게 기업의 활동이 최대한 보장되어 있습니다. 그런데 정부의 경제 개입이 다른 선진국에 비해 상대적으로 약하다 보니 대기업이 막강한 힘을 발휘하며 소비자 위에 군림하기에 이르렀습니다. 대기업은 막강한 자금력을 동원해 정치인을 상대로 은밀히 교섭하고, 이를 통해 자신에게 유리한 법률안을 통과시키며 기득권을 공고히 다져 나갔습니다.

1960년대 이후 시민 단체를 중심으로 대기업의 횡포에 맞서려는 노력이 시작되었고, 그 결실의 하나가 징벌적 손해 배상 제도의 도입입니다. 징벌적 손해 배상이란 어떤 사람이 상대방의 불법 행위 때문에 손해를 입었을 경우 실제 피해 금액보다 더 많은 배상금을 받아낼 수 있는 제도를 말합니다. 피해자에게 손해를 끼친 피해보다 훨씬 많은 금액으로 손해 배상 의무를 지우는 이유는 고액의 배상을 치르게 함으로써 가해자가 미래에 똑같은 불법 행위를 하지 못하도록 하기 위해서입니다. 동시에 다른 사람, 기업, 단체가 유사한 부당 행위를 저지르지 않도록 예방하는 데 주된 목적이 있습니다. 대표적인 사례가 담배 소송입니다.

필립모리스, R. J. 레이놀즈 등 미국의 거대 담배 제조업체는 흡연의 위험성을 소비자에게 제대로 알리지 않고 수십 년간 막대한 이익을 누려 왔습니다. 2008년 폐암으로 사망한 마이클 존슨Michael Johnson을 대신해 그의 아내 신시아 로빈슨Cynthia Robinson이 담배 회사를 상대로 소송을 제기했습니다. 13세에 담배를 피우기 시작해 하루 3갑씩 26년간 담배를 계속해서 피웠던 마이클 존슨은 결국 폐암으로 숨을 거두었습니다. 고소인은 만약 담배 회사가 흡연의 중독성을 제대로 알려 주었다면 남편이 담배를 멀리했을 것이라고 주장하며 피해 배상을 요구했습니다.

요즘은 담뱃갑에 흡연의 위험을 알리는 경고문이 명기되어 있지만 과거에는 그렇지 않았습니다. 담배 회사들은 흡연율을 높이기 위해 유명 배우를 내세워 광고하면서 담배를 피우는 것이 마치 남성미의 상징인 것처럼 보이도록 애썼습니다. 폐암으로 사망한 마이클 존슨도 어린 시절 멋있게 보이기 위해 흡연을 시작했고 담배의 강력한 중독성으로 사망하는 날까지 담배를 끊지 못했습니다.

2014년 7월 플로리다주 법원은 유가족의 손을 들어 주어 담배 회사 R. J. 레이놀즈에 무려 236억 달러에 달하는 징벌적 배상금을 부과해 미국 사회를 발칵 뒤집어 놓았습니다. 패소 판결 이후 담배 회사들은 자국 내에서는 담배 광고를 대폭 축소했지만 새로운 수요처를 찾기 위해 적극적으로 해외 시장을 개척하면서 또다시 비판을 받게 되었습니다.

담배 회사를 대상으로 한 소송처럼 사람의 몸에 해로운 제품을 만들어 큰돈을 버는 기업에 징벌적 손해 배상 제도는 상당한 효과를 발휘했습니다. 이 제도는 소비자 개인이 대기업을 상대로 자신의 권리를 주장하는 수단으로 큰 역할을 하면서 자본주의의 폐단을 바로잡는 데 더할 나위 없이 좋은 제도라고 각광받기도 했습니다.

하지만 징벌적 손해 배상 제도는 미국 특유의 배심원 제도와 맞물려 심각한 부작용을 일으키면서 논란이 계속되고 있습니다. 사실 담배 소송에 관한 판결도 따지고 보면 문제가 있습니다. 사람의 생명은 가치를 따질 수 없을 정도로 소중하지만, 폐암으로 숨진 흡연자에게 236억 달러라는 천문학적인 배상금을 지급하라고 명령한 배심원의 결정은 과도하다는 의견도 적지 않습니다.

1992년 뉴멕시코주에 살던 스텔라 리벡Stella Lieback 할머니는 손자가 운전하는 자동차의 조수석에 앉아 있다가 차가 급정거하는 바람에 다리 사이에 끼우고 있던 맥도날드 커피가 쏟아져 3도 화상을 입었습니다. 화상을 당한 데는 본인의 과실도 있었지만, 리벡 할머니는 "맥도날드가 일반 커피 판매점보다 온도가 훨씬 높은 82~88℃의 뜨거운 커피를 판매한 탓에 화상을 입은 것이다."라고 주장하며 1994년에 소송을 제기했습니다. 이 소송은 피해자 배상금의 일부를 성공

테이크아웃용 컵에 덧씌우개를 사용하지 않아 거액을 배상한 맥도날드

사례금으로 노린 변호사들이 가세하면서 규모가 더욱 커졌습니다. 맥도날드는 커피가 뜨겁다는 사실을 이미 알고 주문을 했던 리벡 할머니에게 과실이 있다고 주장했습니다. 그러나 정보망을 총동원한 변호사들은 지난 10여 년간 맥도날드 커피로 인한 화상 사고가 700여 건이나 더 있었지만 회사가 이러한 사실을 알고도 계속 같은 온도의 커피를 판매했다는 사실을 알아냈습니다. 또한 맥도날드가 리벡 할머니의 화상 치료비 지급을 거부한 사실을 언급하면서 대기업의 횡포를 막기 위해서는 거액의 징벌적 배상금을 부과해야 한다고 주장했습니다.

결국 재판정의 배심원은 리벡 할머니의 손을 들어 주어, 16만 달러라는 치료비 외에 270만 달러라는 징벌적 배상금을 회사 측에 부과하는 결정을 내렸습니다.

이후 맥도날드는 커피 온도를 낮추었고 테이크아웃용(포장 구매용) 종이컵 외부에 두꺼운 덧씌우개를 붙이는 궁여지책을 내놓았습니다. 맥도날드 소송 사건에 겁을 먹은 미국 테이크아웃 커피 회사들은 앞다투어 종이컵에 '뜨거우니 조심하세요.'라는 경고 문구를 새겨 넣으며 혹시 모를 소송에 대비했습니다.

징벌적 배상금으로 큰돈을 손에 쥔 사람이 속속 등장하면서 소송은 복권처럼 인생 역전을 할 수 있는 수단으로 여겨졌습니다. 미국에서 백만장자가 되는 손쉬운 방법으로는 부모의 재산을 상속받거나, 복권에 당첨되거나, 소송을 걸어 징벌적 배상금을 타면 된다는 말이 공공연히 나돌 정도로 소송은 일확천금을 얻을 수 있는 절호의 기회로 여겨지고 있습니다.

도요타와 폭스바겐의 시장 독주를 견제한 징벌적 손해 배상 제도

미국의 자동차 시장은 중국에 이어 세계 2위로 연간 1,700만 대 가량의 자동차가 판매되고 있습니다. 자동차 생산에는 2만 개 넘는 부품이 필요하기 때문에 자동차 산업은 수많은 일자리를 만들어 냅니다. 차량 부품 대부분을 중소기업이 만들기 때문에 중소기업 육성에도 중요한 역할을 합니다. 그 때문에 나날이 제조업 경쟁력을 상실해 가는 미국에서도 자동차 산업은 절대로 포기할 수 없는 분야입니다.

1931년 미국의 GM제너럴모터스이 포드 자동차를 제치고 세계 1위로 올라선 이후 미국 자동차 업계는 전 세계 자동차 시장을 주도했습니

미국 제조업의 상징인
제너럴모터스

다. 하지만 1960년대 이후 일본과 독일의 자동차 회사들이 성장하면
서 미국 자동차 업계의 입지는 계속 줄어만 갔습니다.

2008년 일본의 도요타가 GM을 제치고 판매량 기준 세계 1위에
오르자 미국은 큰 충격에 빠졌습니다. 무려 77년 동안 세계 1위의 자
리를 유지하던 GM의 몰락이자, 미국 제조업의 몰락을 의미했기 때
문입니다. 일본 언론은 도요타 자동차의 세계 1위 등극을 대서특필하
며 도요타가 세계 자동차 산업의 황제 자리에 올랐다고 한껏 추켜세
웠습니다.

그러나 도요타와 일본 자동차 업계의 행복은 오래가지 않았습니

다. 이듬해인 2009년 8월 미국 캘리포니아주에서 도요타의 렉서스 자동차를 타고 가던 일가족 4명이 브레이크 고장으로 사망하는 끔찍한 사고가 발생했습니다. 사고 원인은 차량 결함 때문이었지만 도요타는 '기술 결함이 아닌 운전자의 부주의로 인한 사고'라며 책임을 회피하고 문제를 증폭시켰습니다.

그런데 사고 당시 상황이 생생하게 녹음된 차량용 블랙박스가 발견되면서 브레이크 결함으로 사고가 발생했음이 명백하게 드러났습니다. 도요타가 차량 결함을 은폐하기 바빴다는 언론의 보도가 쏟아지자 도요타는 그동안 미국인의 신뢰를 받던 기업에서 부도덕한 기업으로 전락하고 말았습니다. 당시 도요타 자동차 회사를 이끌던 최고경영자 도요타 아키오는 2010년 2월 미국 연방 하원 청문회에 소환되는 수모를 겪었습니다. 그는 8시간 동안 진행된 청문회에서 눈물을 흘리며 "모든 것이 내 잘못이다."라고 말하며 사과했습니다.

일본이 자랑하는 기업 도요타의 최고 경영자가 미국 의회에 불려나가 머리를 조아린 사건은 도요타를 비롯해 일본인들에게는 씻을 수 없는 치욕이었습니다. 도요타의 비극은 여기에서 끝나지 않았습니다. 도요타는 집단 소송을 제기한 소비자들에게 16억 달러를 물어내야 했습니다. 또 미국 정부로부터 자동차 업체로서는 최대 규모인 12억 달러의 벌금이 부과되었습니다. 미국 소비자들이 손해 배상 소송을 제기하자 언론은 이 사실을 의도적으로 크게 보도했습니다.

2011년 도요타가 집단 소송에 휘말리면서 세계 1위에서 밀려나자 GM이 다시 정상에 올랐지만, 그렇다고 미국 기업이 예전의 경쟁력을 완전히 회복한 것은 아니었습니다. 2015년 GM, 도요타와 치열한 선두 경쟁을 벌이던 독일의 폭스바겐이 세계 1위로 올라섰기 때문입니다. 폭스바겐은 유럽을 주력 시장으로 하는 자동차 회사로서 미국 시장의 판매량은 그다지 높지 않았습니다. 그렇지만 폭스바겐이 GM을 누르고 세계 1위에 등극하자 미국의 견제가 시작되었습니다.

2015년 9월 미국 정부는 폭스바겐이 연비 향상을 위해 오랜 기간 배출 가스 저감 장치를 조작해 온 사실을 발표하고 대대적인 조사에 착수했습니다. 폭스바겐이 매연 저감 장치 조작 의혹에 휩싸이게 된 까닭은 휘발유 자동차 판매에 열을 올리는 미국 자동차 회사와 달리 폭스바겐은 경유 차를 주력으로 삼고 있었기 때문입니다.

경유는 휘발유보다 연비는 뛰어나지만 질소 산화물과 미세 먼지를 더 많이 배출하기 때문에 환경과 인체에는 치명적인 악영향을 끼칩니다. 그런데 폭스바겐이 유해 배기가스를 대폭 줄일 수 있는 배출 가스 저감 장치를 개발했다고 주장하자 미국 자동차 업계는 깜짝 놀랐습니다. 폭스바겐의 주장을 곧이곧대로 받아들인다면 휘발유 차가 주를 이루는 미국 자동차를 타는 것보다 독일의 경유 차를 타는 것이 소비자에게 훨씬 이득이 되기 때문입니다.

그러나 친환경, 고연비를 달성했다고 한 폭스바겐의 주장은 거짓임이 드러났습니다. 폭스바겐은 차량 주행 도중 배출 가스 저감 장치를 작동시키면 대기 오염 물질은 많이 줄일 수 있으나 연비가 크게 떨어지는 문제를 해결할 수 없었습니다. 이에 폭스바겐은 미국 정부가 실시하는 자동차 성능 검사를 받을 때만 배출 가스 저감 장치를 작동시키고 평상시에는 작동하지 않도록 조작해 세상의 눈을 속이려고 했습니다.

미국 정부는 폭스바겐에 43억 달러에 달하는 벌금을 부과했고, 회사 임직원 6명을 법정에 세웠습니다. 미국이 폭스바겐에 부과한 벌금 43억 달러는 도요타가 낸 12억 달러의 3.6배에 달하는 엄청난 금액이었습니다. 그런데 정작 폭스바겐에 치명상을 입힌 것은 정부가 아니라 미국 소비자였습니다. 사건이 터지자 미국의 폭스바겐 차량 소유자 47만 명은 힘을 합쳐 폭스바겐을 상대로 천문학적인 손해 배상 소송을 제기했습니다.

2016년 10월 미국 법원은 소비자를 속인 폭스바겐에 무려 175억 달러에 달하는 손해 배상 금액을 부과하면서 세상을 깜짝 놀라게 했습니다. 미국 법원이 폭스바겐에 엄청난 손해 배상금을 부과할 수 있었던 것은 미국 특유의 징벌적 손해 배상 제도가 있었기 때문입니다. 이같이 징벌적 손해 배상 제도는 소비자의 권익 보호에 큰 도움이 되는 동시에 외국 기업을 견제하는 도구로도 활용되고 있습니다.

소송 권하는 사회의 그늘

미국 사회가 징벌적 손해 배상 제도를 도입한 원래 목적은 사회적 약자인 소비자와 개인을 보호하는 데 있습니다. 거대 기업이 고의나 악의를 가지고 개인의 건강과 안전을 위협하는 불법 행위를 저지를 경우, 그 기업에 막대한 배상금을 부과함으로써 재발을 방지하기 위

세탁기에 들어가 죽은 사람을 대신해 소송이 가능한 미국

한 것입니다. 그렇지만 이 제도의 좋은 취지는 시간이 흐르면서 점차 변질되어 인생 역전을 위한 수단으로 악용되기 시작했습니다. 미국 소비자가 제품에 조금이라도 문제가 있으면 천문학적인 금액을 징벌적 손해 배상으로 청구하면서 기업은 소송의 공포에 시달렸습니다.

농구장에서 덩크슛을 시도하던 한 청년은 링에 얼굴을 부딪쳐 이가 부러지자 농구 골대 제조사를 상대로 덩크슛의 위험성을 미리 알리지 않았다며 소송을 제기해 거액을 배상받았습니다. 뉴욕의 대학생들이 세탁소에서 술을 마시다가 장난으로 친구를 세탁기에 넣고 탈수 버튼을 눌러 사망하는 사건이 발생하자 이들은 세탁기 회사를 상대로 소송을 걸었고, 젖은 옷을 입은 상태로 다림질하다가 화상을 입은 사람은 다리미 제조사를 상대로 소송을 제기했습니다. 또 화장실 변기 청소용 솔로 양치질을 하다가 잇몸을 다친 사람, 물에 젖은 휴대전화기를 빨리 말리기 위해 전자레인지에 넣고 돌렸던 소비자 등 온갖 종류의 소송이 미국 사회를 뒤덮으며 커다란 사회 문제를 일으키고 있습니다.

소송을 당한 기업은 또 다른 소송을 피하고자 '세탁기 안에 어떤 사람도 넣지 말 것, 옷을 입고 다리미질하지 말 것, 전자레인지에 휴대전화기를 말리지 말 것, 화장실 청소용 솔로 양치질하지 말 것' 등 다른 나라에서는 상상조차 할 수 없는 경고문을 제품에 표기하고 있습니다.

아무리 우량 기업이라도 일단 집단 소송에 휘말리면 참인지 거짓

어디를 가나 경고 문구가 많은 미국

인지에 관계없이 회사의 주가와 신용도가 폭락해 치명적인 타격을 입게 됩니다. 따라서 소송에 휘말린 기업은 잘못이 없더라도 화해를 통해 하루빨리 사태를 마무리하려고 합니다. 이 같은 일은 통계로 확인할 수 있는데, 매년 소송을 당하는 4만여 개 기업 중 95% 이상이 최종 판결 이전에 배상금을 거액으로 주고 화해로 끝을 맺었습니다.

징벌적 손해 배상 소송은 처음에는 주로 대기업이나 국가를 상대로 이루어지다가 시간이 흐르면서 개인 간에도 빈번하게 발생하기 시작했습니다. 미국에서는 겨울철 눈이 오면 집 앞에 쌓인 눈을 치우는 광경을 볼 수 있습니다. 집 앞을 지나던 행인이 눈에 미끄러져 다치기라도 하면 집주인을 상대로 거액의 손해 배상 소송을 제기할 수 있기 때문입니다. 다른 나라 같으면 집주인의 진심 어린 사과 한마디면 끝날 일이 미국에서는 소송으로 이어지는 경우가 다반사입니다.

실제로 남편을 상대로 거액의 손해 배상 소송을 건 아내가 한동안 사람들의 입에 오르내리기도 했습니다. 현관문 앞에 쌓여 있던 눈에 넘어져 다친 그녀는 남편을 상대로 거액의 치료비 및 손해 배상 소송을 제기했습니다. 치열한 법정 공방 끝에 부인이 승소했고 치료비와 배상금은 남편이 미리 가입한 보험사에서 지급했습니다.

미국에 있는 한국 교민에게도 소송의 남발은 두려움의 대상입니다. 2005년 워싱턴 D.C.에서 세탁소를 운영하던 한인 교포가 손님의 양복바지를 분실했습니다. 옷을 맡긴 손님은 인근 행정 법원 판사 로이 피어슨_{Roy Pearson}이었습니다. 세탁업자와 피해 배상 과정에서 감정이 상한 그는 세탁소 내부에 붙여 놓은 '고객 만족 보장'을 지키지 않고 소비자를 기만하는 등 세탁업자가 소비자 보호법을 위반했다며 5,400만 달러의 손해 배상 소송을 법원에 제기했습니다. 세탁업자는 1,000달러 정도 되는 바지의 보상금으로 1만 2,000달러를 제시했지만 피어슨은 거절하고 끝내 소송에 나섰습니다.

사회 지도층인 현직 판사가 소규모 자영업자인 세탁소 주인을 상대로 엄청난 금액의 손해 배상 소송을 제기하자, 언론을 중심으로 피어슨에 대한 비난이 마구 쏟아졌습니다. 언론은 연일 피어슨 사건을 대서특필하며 강자의 횡포를 비난했습니다. 결국 피어슨은 재판에서 패소해 세탁업자에게서 아무런 보상도 받을 수 없었습니다. 워싱턴 D. C. 상급 법원 판사는 피어슨에게 세탁업자가 지출한 소송 관련 비용을 보상하라고 판결했습니다. 이 사건 뒤 피어슨은 행정 법원 판사 재임용 심사에서 탈락했습니다.

세탁업자는 일명 '바지 소송' 때문에 이루 말할 수 없는 고통을 겪

양복바지를 분실해 거액의 소송이 걸린 한국인 세탁소 주인

었습니다. 그의 가족은 괴로운 나머지 미국 생활을 접고 한국으로 돌아가려는 계획을 세웠을 정도로 소송으로 인해 한 가족의 삶은 황폐화되었습니다. 이와 같이 개인의 권리 구제를 위한 소송이 미국 사람들의 삶의 기반을 송두리째 무너뜨리는 도구로 변하자 지식인을 중심으로 개혁의 목소리가 커지고 있습니다.

한인 세탁소 주인을 상대로 거액의 손해 배상 소송을 걸어 비판을 면치 못한 로이 피어슨

미국판 유전 무죄 _ O. J. 심슨 사건

1994년 6월 캘리포니아주 로스앤젤레스의 고급 주택가에서 희대의 살인 사건이 일어났습니다. 죽은 사람은 미식축구 선수 O. J. 심슨의 전처였습니다. 심슨은 1970년대 미식축구계를 지배한 슈퍼스타로 은퇴 뒤에는 영화배우가 되어 엄청난 인기를 누리며 많은 돈을 벌었습니다. 흑인인 심슨은 빼어난 용모를 지닌 백인 여성 니콜 브라운 심슨Nicole Brown Simpson과 결혼하면서 화제가 되었습니다. 미국 사회에서는 오래전부터 흑인 남성이 백인 여성과 결혼하는 것을 금기시해 왔는데 심슨이 금기를 깼기 때문입니다. 출세한 흑인 남성 중 상

이혼으로 끝난 심슨 부부

당수는 미모의 백인 여성과 결혼함으로써 자신의 성공을 과시하고자 했는데 심슨 역시 그 중 한 사람이었습니다. 그러나 결혼 생활은 원만하지 못했고, 결국 두 사람은 헤어졌습니다. 이혼 뒤에도 심슨은 전처 집에 수시로 찾아가 폭력을 행사해 물의를 일으켰습니다.

1994년 6월 심슨은 전처 집에 찾아가 날카로운 칼로 그녀를 살해했습니다. 어찌나 참혹했던지 얼굴 형체를 알아볼 수 없을 지경이었습니다. 비명을 듣고 출동한 경찰은 현장에서 끔찍하게 죽은 니콜 브라운 심슨의 시신을 발견했고 곧바로 수사에 착수해 심슨을 유력한 용의자로 지목했습니다. 경찰의 출두 명령을 받은 심슨은 출두일이 되자 자신의 차량을 이용해 도주했습니다.

심슨을 잡기 위해 경찰차 수십 대가 출동했고 하늘에는 경찰 헬기와 방송국의 취재 헬기가 따라붙었습니다. 이후 100km 넘는 숨 막히는 추격전 끝에 경찰은 심슨을 체포했습니다. 그의 차량에서는 권총, 여권, 가짜 콧수염, 현금 8,000달러가 발견되었습니다. 해외로 도피하려는 의도가 엿보이는 정황이었습니다. 심슨은 누가 보더라도 살인자가 분명했지만 거금 1,000만 달러를 들여 거물 변호사를 여러

도주 중인 O. J. 심슨

전처 살해 혐의로 경찰에 체포된 O. J. 심슨

명 고용하면서 치열한 법정 공방이 시작되었습니다.

검찰은 범행 현장에서 발견된 심슨의 장갑을 증거물로 법원에 제출했습니다. 장갑에는 심슨과 전처의 혈흔이 묻어 있었습니다. 전처를 칼로 살해하던 도중 손에 상처를 입는 바람에 장갑에 심슨의 피도 묻게 된 것입니다. 검찰은 로스앤젤레스 인근에 사는 300만 인구 중 심슨과 비슷한 DNA유전 인자를 가진 사람은 300명도 되지 않기 때문에 심슨이 살인자일 가능성이 99.99%라는 주장을 펼치며 그가 진범임을 확신했습니다.

그렇지만 노련한 변호인단은 로스앤젤레스 인근 지역에 사는 심슨과 동일 DNA를 가진 사람이 300명이나 되기 때문에 사건 당일 현장에 있던 사람이 심슨일 확률은 0.3%에 불과하다며 맞받아쳤습니다. 또한 장갑을 비롯한 증거물을 수집한 백인 경찰이 흑인을 혐오하는 인종 차별주의자이기 때문에 장갑이 유죄의 증거로 사용되어서는 안 된다고 주장했습니다.

심슨의 변호인단이 현란한 말솜씨로 재판정의 분위기를 이끌어 가자 검찰은 법정에서 피 묻은 장갑이 심슨의 것이라는 사실을 보여 주기 위해 심슨에게 장갑을 직접 끼어 보라고 요구했습니다. 그러자 변호인단은 "장갑이 심슨의 손에 맞지 않는다면 검찰은 무죄를 인정해야 한다."라며 으름장을 놓았습니다. 모든 사람의 관심거리였던 심슨의 재판은 TV를 통해 미국 전역에 생중계되었고 심슨은 배심원단과 국민이 지켜보는 앞에서 장갑을 손에 꼈습니다.

그런데 검찰의 기대와 달리 피 묻은 장갑은 심슨의 손에 제대로 들

살인에 이용한 장갑을 끼고 있는 O. J. 심슨

승소하자 기쁨을 감추지 못하는
O. J. 심슨과 변호인단

어가지 않을 정도로 작았습니다. 이는 가죽 장갑이 피에 젖으면서 가죽이 오그라들었기 때문입니다. 검찰은 이런 사실을 알지 못했지만 변호인단은 이미 알고 있었습니다. 그 순간 재판은 심슨에게 유리하게 기울었습니다. 더구나 배심원 12명 중 흑인이 무려 9명이나 되어 심슨에게 절대적으로 유리했습니다. 만약 배심원단 중 백인이 다수를 차지했다면 심슨은 유죄 평결을 받을 가능성이 컸습니다.

무죄가 확정되는 순간 심슨과 변호인단은 기쁨을 주체하지 못해 환호성을 질렀지만, 니콜 브라운 심슨의 부모는 눈물을 쏟아 냈습니다. 이를 지켜본 국민은 돈만 있으면 살인자라도 유능한 변호사를 고용해 처벌을 피할 수 있는 유전 무죄의 현실을 한탄했습니다.

니콜 브라운 심슨의 유가족은 형사 재판이 끝난 뒤 심슨을 상대로 민사 소송을 제기해 또 한 번 진실이 무엇인지를 가리고자 했습니다. 1997년 백인이 다수였던 민사 소송 배심원단은 심슨의 살해 혐의를 인정해 유가족에게 피해 배상금 3,350만 달러를 지급하라는 평결을 내렸습니다.

심슨은 특급 변호인단을 구성해 형사 처분은 면했지만 변호인단에게 1,000만 달러나 되는 비용을 내고, 민사 소송에서 패소하면서 그보다 훨씬 많은 배상금을 물어내야 했습니다. 이로 인해 심슨은 선수 시절 받았던 우승 트로피마저 처분해야 했고 결국에는 빈털터리가 되고 말았습니다.

아내를 죽인 심슨은 뒤끝도 좋지 않아 2007년 생계비를 마련하기 위해 라스베이거스에서 무장 강도 혐의로 체포되어 징역 33년형을 선고받고 교도소에 수감되기도 했습니다.

2011년 심슨은 언론에 "내가 전처를 죽인 게 맞다."라고 범행 사실을 털어놓았지만 그를 처벌할 수는 없었습니다. 법원에서 판결이 확정되면 같은 죄로 다시 재판을 받지 않는 '일사부재리의 원칙' 때문이었습니다. 심슨은 이미 무죄 판결을 받았기 때문에 검찰이 동일 사건으로 그를 다시 기소할 수 없었습니다.

엄격한 미국의 법치주의

미국은 전 세계 수많은 민족이 모여 사는 이민자의 나라이기 때문에 단일 민족 국가보다 구성원 간에 마찰이 많을 수밖에 없습니다. 따라서 건국 뒤 구성원 간 갈등을 줄이고 안정적으로 국가가 운영될 수 있도록 엄격한 법치주의를 선택했습니다.

미국의 사법 제도가 돈 많은 사람이나 주류층인 백인에게 유리한 점이 있기는 하지만 다른 나라에 비해 비교적 공정한 법 집행이 이루어지고 있습니다. 이는 깨어 있는 수많은 시민이 현행 사법 제도의 문제점을 고치기 위해 노력하기 때문입니다. 언론도 공정한 보도를 통해 무엇이 문제인지를 적극적으로 국민에게 알리려는 노력을 마다하지 않습니다. 거대 기업을 소유한 억만장자가 범죄를 저지를 경우 시민 단체가 공정한 재판이 이루어지도록 끊임없이 압력을 가하기 때문에 법원도 모든 국민이 이해할 만한 판결을 내는 경우가 대부분입니다.

2001년 미국 굴지의 에너지 기업 엔론Enron의 CEO였던 제프리 스킬링Jeffrey Skilling은 10억 달러대의 분식 회계*를 통해 투자자에게 큰 피해를 주었습니다. 그는 법정에 세워져 징역 24년 4개월을 선고받았고 분식 회계를 눈감아 준 회계 법인은 분할 매각**되었습니다. 이듬해인 2002년 연방 의회는 엔론 사건과 비슷한 사건이 발생하는 것을 막기 위해 '사베인스-옥슬리법'을 새로 만들었습니다. 새로운 법에 따라 회계 감독 위원회를 설립해 기업에 대한 철저한 관리에 나섰습니다. 이 법에 따라 부정한 회계 처리로 투자자를 속인 경영자는 이전보다 훨씬 강력한 처벌을 받게 되었습니다.

---

* 회사의 실적이 좋게 보이도록 회사의 장부를 조작하는 것
** 여러 계열사로 이루어진 회사 또는 토지를 일괄적으로 팔지 않고 나누어 쪼개서 파는 일

파산으로 투자자에게
큰 피해를 준 엔론

웬만한 국가에서는 대기업 사주나 최고 경영자가 비리를 저지르면 솜방망이 처벌을 받는 경우가 허다합니다. 설령 구속된다 하더라도 이런저런 명분으로 사면 복권되어 원래 자리로 슬그머니 돌아갑니다. 하지만 미국은 일벌백계 차원에서 거의 예외 없이 엄벌을 내립니다. 미국의 사법 제도는 다소 결함이 있지만, 문제가 발생할 때마다 국민과 언론이 힘을 합쳐 문제점을 개선함으로써 미국식 법치주의를 완성해 가고 있습니다.

★

범죄인의 인권 보호에 기여한 판결들

오래전부터 범죄를 저지른 사람은 처벌의 대상이지 보호의 대상이 아니라고 생각했다. 각국 정부는 범죄인의 인권을 보호하는 데 별다른 노력을 하지 않았다. 미국 역시 건국 이후 범죄자 인권 보호에는 관심을 두지 않다가 1960년대 들어서면서 연방 대법원이 범죄자의 인권 보호를 위한 두 가지 중요한 판결을 내렸다.

맵 판결

1961년 오하이오주 경찰은 사제 폭탄을 이용한 폭파 사건 범인을 잡기 위해 혈안이었다. 경찰은 범인이 맵Mapp이라는 여성의 집에 숨어 있다는 첩보를 받고 즉각 현장으로 출동했다. 경찰은 맵에게 집 안을 압수 수색할 수 있도록 요청했지만 맵은 변호사와 통화를 한 뒤 경찰의 수색을 거부했다. 이에 경찰은 범인이 집 안에 숨어 있다고 확신하였다. 경찰은

본 사건과 상관없는 일로 기소된 맵

맵의 손에 수갑을 채우고 압수 수색을 진행했지만 범인을 찾지는 못했다. 맵의 행동이 괘씸했던 경찰은 집에 있던 음란물을 압수해 불법 음란물 소지죄로 법정에 세워 유죄 판결을 받아 냈다.

맵이 법원의 판결을 받아들이지 않고 연방 대법원에 상소하면서 맵의 재판은 미국인의 큰 관심을 받게 되었다. 연방 대법원은 '피고인의 음란물 소지 혐의는 압수 수색의 목표이자 본 건인 폭파 사건 혐의자 체포와 직접적인 관련이 없다. 다시 말해 본 건을 수사하는 도중 우연히 발견한 별개의 사건으로, 처벌해서는 안 된다.'라는 판결을 내렸다. 이 판결을 계기로 혐의자는 본 건으로만 처벌받을 뿐, 별개의 사건으로는 처벌받지 않게 되었다.

미란다 판결

1963년 애리조나주에서 에르네스토 미란다 Ernesto Miranda 라는 20대 남성이 18세 여성에게 성범죄를 저지른 혐의로 체포되었다. 피해 여성의 여동생은 미란다가 언니를 납치해 차에 태우는 장면을 목격했다고 말했다. 피해 여성도 미란다를 범인으로 지목했기 때문에 경찰은 그의 범행을 입증하는 데 별다른 어려움이 없었다. 미란다는 처음에는 혐의를 부인하다가 나중에는 순순히 자신의 죄를 자백했다.

미란다는 납치와 성범죄 혐의로 법원으로부터 징역 30년이라는 중형을 선고받았다.

그런데 미란다의 국선 변호인이 사건을 연방 대법원에 상소하면서 반전이 일어났다. 국선 변호인은 미국 수정헌법 5조에 규정한 '수사 당국은 형사 사건에서 자백을 강요해서는 안 된다.'는 규정을 내세우며 미란다가 자백할 당시 수사 당국이 진술 거부권과 변호인 선임권을 미리 알려 주지 않았기 때문에 미란다의 자백을 유죄 증거로 사용할 수 없다고 주장했다. 자신이 범인이라는 것은 미란다도 인정하는 명백한 사실이었지만, 국선 변호사는 절차상의 문제를 내세우며 자백의 증거 능력을 없애려고 했다. 미란다 사건을 두고 연방 대법관 사이에서도 의견이 갈리며 격론이

역사적인 판결의 주인공이 된 에르네스토 미란다

일어났다. 미란다를 처벌해야 한다는 측은 미란다의 자백이 폭력이나 강요에 의한 것이 아니며, 범죄자의 인권을 보호하는 것도 중요하지만 피해자와 공동체의 권익을 보호하는 것이 더욱 중요하다는 논리를 펼쳤다. 반면 적법 절차를 중시하는 측은 막강한 힘을 지닌 수사 기관이 적법 절차를 지키지 않는다면 국민의 자유와 권리가 크게 침해되기 때문에 미란다에게 죄를 물어서는 안 된다는 주장을 펼쳤다.

격론 끝에 5대 4로 미란다에게 무죄 판결이 났다. 대법관 다수가 눈앞의 사건보다 국가 기관이 적법 절차를 엄격하게 준수하는 것이 더욱 중요하다고 판단했기 때문이다. 그러나 죄를 짓고도 무죄 판결을 받은 미란다의 기쁨은 오래가지 않았다. 사건을 맡은 검사는 미란다가 부인할 수 없는 증거와 증인을 확보해 유죄 판결을 받아 냈다. 미란다 판결 이후 미국을 비롯한 대부분의 나라에서는 수사관이 피의자를 신문하기 전에 '당신은 자신에게 불리한 진술을 하지 않을 수 있으며, 변호인의 도움을 받을 권리가 있다.'라는 말을 해야 한다.

6장

뜨거운 감자로 떠오른

사형 제도

정의를 실현하는 가장 강력한 도구, 사형 제도

사형은 인간이 만든 오래된 형벌 중 하나입니다. 세계에서 가장 오래된 성문법^{*}인 '함무라비 법전'에도 사형 제도가 등장하며, 고조선 8조법에도 '사람을 죽인 자는 바로 죽인다.'라는 사형에 관한 조문이 있습니다. 사랑을 중시하는 종교 역시 사형제를 긍정하기는 마찬가지입니다. 기독교의 성경과 이슬람교의 꾸란 모두 특정 범죄에 대해 사형을 규정하고 있습니다.

이처럼 인류가 오랜 기간 사형 제도에 집착하는 이유는 사형을 극악무도한 범죄에 대한 가장 적당한 형벌이라고 여기기 때문입니다. 또한 '눈에는 눈, 이에는 이'처럼 피해자가 받은 피해의 정도와 동등한 손해를 가해자에게 내리는 보복의 법칙인 탈리오 법칙Lex Talionis에 따르면 사람을 죽인 자에게 가할 유일한 처벌은 사형밖에 없습니다.

20세기 이전까지 사형 제도는 사법 정의를 실현하는 강력한 수단으로 대부분의 나라에서 유지되었습니다. 그러나 역사를 되돌아보면

---

* 문자로 적어 표현하고, 문서의 형식을 갖춘 법

인류 역사와 함께한 사형 제도

사형 제도는 정의로운 사회를 만드는 수단이 아니라, 통치자의 권력 유지 수단으로 악용되는 경우가 더 많았습니다. 이는 사형 집행 방식의 잔혹성을 보더라도 쉽게 알 수 있습니다.

중국에서는 명나라 때까지 왕권에 도전한 사람에게 능지처참이라는 형벌을 내렸습니다. 능지처참은 대역 죄인을 기둥에 매단 뒤 포를 뜨듯 살점을 베어 내는 형벌을 말합니다. 한꺼번에 살점을 많이 베어 내면 출혈 과다로 빨리 죽기 때문에 죄인에게 조금이라도 더 고통을 주기 위해 아주 조금씩 살점을 베어 냈다고 합니다. 보통 2,000~4,000번 정도 잘라 내는데, 만약 1,000번이 되기 전에 죄인이 죽으면 사형 집행관이 벌을 받았기 때문에 심혈을 기울여 아주 조금씩 도려냈습니다. 능지처참을 당하는 사람은 이루 말할 수 없는 고통 속에서 죽어 갔습니다.

고대 페르시아에서 성행한 사형법 스카피즘scaphism 역시 둘째가라 면 서러울 정도로 잔혹했습니다. 몸에 꿀을 잔뜩 바른 사형수를 속 이 텅 빈 나무 상자에 넣고 얼굴과 손발이 바깥으로 나오도록 고정한 뒤, 곤충이 많이 사는 늪지대에 내버려 둡니다. 그리하면 사형수의 몸에서 나는 달콤한 꿀 냄새를 맡은 벌레들이 사방에서 몰려와, 꿀과 함께 사람의 살을 파먹기 시작합니다. 사형수는 고통을 극도로 느끼 지만 옴짝달싹할 수 없기 때문에 죽을 때까지 고통을 받아야 합니다. 인간을 뜯어 먹던 벌레는 번식을 위해 사형수의 몸속에 알을 낳기도 합니다. 알을 까고 나온 벌레는 사람의 살을 영양분 삼아 성장합니 다. 결국 사형수는 탈수, 기아, 패혈성 쇼크 등으로 사형 집행이 시작 된 지 보름 내에 사망하게 됩니다.

서양 세계 역시 참혹한 방법으로 사람을 죽이기는 마찬가지입니 다. 1305년 잉글랜드의 압제로부터 스코틀랜드의 독립운동을 이끌던 월리엄 월리스 William Wallace 는 잉글랜드군에 체포되어 사 형을 당하게 되었습니다. 잉글랜드는 스코틀랜드

잔혹한 사형으로 생을 마감한
월리엄 월리스

국민에게 독립운동을 할 엄두조차 내지 못하도록 겁주기 위해 윌리스를 최대한 참혹하게 죽이는 방법을 선택했습니다.

사형 집행 명령이 떨어지자 수많은 사람이 지켜보는 가운데 말 네 마리가 윌리스의 사지를 잡아당겼습니다. 고통을 극대화하고 천천히 죽도록 사지가 네 조각으로 찢어지기 직전까지만 잡아당겼습니다. 사지가 훼손된 윌리스가 죽어 가자 잉글랜드인 사형 집행관은 그를 참수하여 참혹한 시체를 공개했습니다.

오늘날에는 능지처참이나 스카피즘 같은 형벌은 사라졌지만 잔혹한 방식의 사형 제도는 여전히 남아 있습니다. 사우디아라비아 같은 이슬람 국가는 망나니를 동원해 죄인의 목을 베는 참수형을 실행하고 있습니다. 이슬람교에서 규정한 죄목에 해당하는 죄인은 많은 사람이 보는 앞에서 검은 천으로 온몸을 가린 사형 집행관이 휘두르는 칼에 목이 잘립니다. 최악의 독재 국가 북한에서는 국가 지도자를 모독할 경우 국민이 직접 때려 죽이도록 정부가 나서서 부추깁니다. 이처럼 사형 제도가 본연의 목적인 사법 정의 구현과는 무관하게 권력자의 통치를 위한 도구로 악용되는 사례가 빈발하자 사형 제도 폐지를 주장하는 목소리가 차츰 힘을 얻고 있습니다.

권력의 도구로 사용된 사형 제도의 그늘

범죄자에 대한 엄벌주의 태도를 유지하고 있는 미국은 선진국 중 일본, 싱가포르와 함께 사형 제도를 유지하고 있는 몇 안 되는 나라입니다. 현재 세계 200여 개국 중 160개국 이상이 법률적으로 사형 제도를 완전히 폐지하거나, 법 규정은 있지만 사형을 집행하지 않는 실질적 폐지 국가입니다.

사형 제도 폐지에 가장 먼저 앞장선 곳은 유럽입니다. 유럽은 18세기 이전까지만 하더라도 둘째가라면 서러울 정도로 사형을 많이 집행한 곳이었습니다. 교황을 비롯한 가톨릭 성직자들은 자신의 잇속을 채우기 위해 수많은 사람을 마녀로 몰아 사형에 처했습니다. 이른바 마녀사냥*이 횡횡하던 시절 무고한 여성들이 탐욕스럽고 부패한 종교에 의해 화형을 비롯해 투석형, 참수형, 교수형 등 갖가지 방법으로 사형에 처해졌습니다.

중세 이후 등장한 각국의 절대 왕정**역시 시민의 생명을 하찮게 여기기는 마찬가지였습니다. 프랑스를 비롯한 유럽 각지에서 시민 혁명이 일어나기 이전만 하더라도 유럽 사람들은 '국왕은 하늘이 내린 자로서 무한한 권력을 갖는다.'라고 생각했습니다. 이른바 '왕권신수설'에 기반을 둔 절대 왕정은 국민을 마음대로 탄압했고 사형은 일상이 되었습니다.

그러나 18세기 이후 유럽에 계몽사상이 널리 퍼지면서 비로소 사람들은 인권의 중요성에 눈을 뜨기 시작했습니다. 1789년 프랑스 대

---

* 14세기에서 17세기에 유럽의 여러 나라와 교회가 이단자를 마녀로 판결해 화형에 처한 일
** 군주가 어떠한 법률이나 기관에도 구속받지 않는 절대 권한을 지니는 정치 체제

프랑스 대혁명 당시 사형에 사용한 단두대

혁명을 시작으로 유럽 각지에서 시민 혁명이 일어난 결과 각 국에는 민주 정부가 들어섰습니다. 국민의 손에 의해 구성된 민주 정부는 국민의 생명과 재산을 지키는 일에 앞장서며 이전 전제 왕조처럼 함부로 사형을 집행하지 않았습니다.

이후 유럽 법학자들은 사형 제도의 존폐를 두고 숱한 논쟁을 벌였습니다. 사형 제도 폐지를 주장하는 사람은 사회 계약설에 근거해 사형 제도의 불법성을 부각했습니다. 사회 계약설이란 사회나 국가가 국민의 생명과 재산을 지키기 위해 자유롭고 평등한 국민 간의 합의나 계약으로 만들어졌다는 이론입니다. 따라서 사회 계약설 아래에서 정부는 국민의 생명을 지키는 일만 할 수 있을 뿐, 어떤 경우라도 국민의 생명을 빼앗아 갈 수는 없기 때문에 사형은 불법입니다.

또한 오판할 경우 회복이 불가능한 형벌이라는 점을 들어 사형 제도를 반대합니다. 소크라테스, 예수 등 인류 역사상 수많은 위인이 죄도 없이 형장의 이슬로 사라진 사실이 오판의 위험성을 증명하고 있습니다. 사형은 범죄자에게 죄를 뉘우치고 바른 삶을 살 기회를 박

역사에 길이 남는 억울한 죽임을 당한 소크라테스

탈하는 형벌입니다.

사형 제도의 존치를 주장하는 사람이 내세우는 중요한 근거는 사형 제도가 존재한다는 사실만으로 강력 범죄가 감소한다는 것입니다. 그렇지만 각국의 통계를 보면 사형 제도가 강력 범죄 발생을 억제하고 있다는 증거를 발견할 수 없습니다. 사형 제도를 폐지하더라도 살인죄 같은 강력 범죄가 늘어난 사례가 거의 없었기 때문입니다.

정치범으로 몰려 사형당한 예수

사형제 폐지를 주장한 형법학자
체사레 베카리아

1764년 세계적인 형법학자인 이탈리아의 체사레 베카리아Cesare Beccaria는 그의 저서 《범죄와 형벌》에서 사형 제도의 폐지를 주장하며 유럽을 격론의 장으로 만들었습니다. 그는 사형 제도 자체가 범죄율을 낮추는 것이 아니라, 검거율이 높을수록 범죄율이 낮아진다고 말했습니다. 즉 사형 제도가 있어도 제대로 검거되지 않아 처벌받을 확률이 현저히 떨어진다면 강력 범죄는 끊이지 않게 될 것이라고 말했습니다. 따라서 사형 제도를 폐지하고 종신형을 도입하더라도 검거율이 높으면 사람들은 함부로 강력 범죄를 저지르지 못할 것이라고 주장했습니다. 또한 "인간은 오류를 범하는 존재이므로 사형을 내릴 만한 일인지 확실히 알 수 없다. 사형은 국민에 대한 국가의 전쟁이자 법을 빙자한 살인에 불과하다."라고 말하며 사형 제도를 반대했습니다.

체사레 베카리아를 비롯한 사형 제도 폐지를 원하는 사람들의 집요한 노력 덕분에 1961년 인권 보호를 목적으로 하는 국제사면위원회*가 출범했습니다. 또한 1977년, 사형 제도에 무조건 반대한다는 '스톡홀름 선언'에 16개국이 서명하면서 사형 제도 폐지를 위한 국제

---

* 인권 옹호를 위한 국제 민간 조직. 부당하게 체포되거나 투옥된 정치범의 석방 운동을 목적으로 창설했다.

협력이 가시화되기 시작했습니다. 이처럼 유럽을 시작으로 사형 제도 폐지가 대세를 이루고 있지만 미국은 연방 차원에서 사형 제도를 유지하고 있습니다.

주마다 다른 사형 집행 방식

영국 식민지 시절이던 1608년 버지니아주의 제임스타운에서 영국군 장교 조지 캔달George Kendall이 스페인에 국가 기밀을 넘긴 반역죄로 사형당하면서 미국에서 사형 집행이 시작되었습니다. 1612년 버지니아 주지사가 원주민과 거래하거나, 포도를 훔치거나, 닭을 함부로 죽이는 사람을 사형에 처하면서 사형의 범위가 크게 확대되었습니다.

다민족 국가인 미국은 질서 유지를 위해 사형 제도를 적극적으로 활용했습니다. 1846년 북부의 미시간주처럼 일찌감치 사형 제도를 폐지한 주도 있지만, 보수적인 남부의 주는 사형 제도를 선호했습니다. 남북전쟁 이전까지 흑인 노예제를 통해 경제를 지탱해 온 남부의 백인은 흑인에 대한 혐오감이 매우 컸습니다. 그동안 남부 백인에게는 강인한 체력을 지닌 흑인을 통제하기 위해 사형 제도가 꼭 필요했습니다. 통계에 의하면 사형 집행이 활발한 상위 20개 주 대부분이 남부의 주입니다. 특히 흑인이 흑인을 살해할 때보다 흑인이 백인을 살해할 경우 사형에 처해질 확률이 월등히 높아 인종 차별 문제가 끊임없이 불거지고 있습니다.

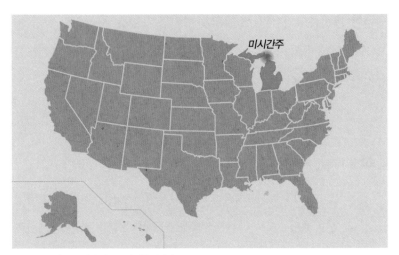

미국에서 가장 먼저 사형 제도를 폐지한 미시간주

사형 제도를 찬성하는 이들 중에는 유명 인사도 많습니다. 20세기 최고의 발명가인 토머스 에디슨도 사형 제도 찬성론자였습니다. 그는 사형수를 효과적으로 죽이기 위해 직접 전기의자를 개발하기도 했습니다.

1890년 8월 6일 뉴욕주 오번Auburn 교도소에서 에디슨이 발명한 전기의자가 실전에 투입되면서 최초로 전기의자를 사용해 사형이 집행되었습니다. 교도관은 사형수를 전기의자에 앉히고 몸을 가죽 끈으로 묶은 뒤 머리와 팔에 전기가 흐르도록 전극을 부착했습니다. 17초 동안 전극을 타고 고압의 전류가 흐르자 사형수는 몸을 격렬하게 떨다가 이내 동작을 멈추었습니다. 스위치를 내리고 죽음을 확인하려던 교도관은 사형수의 심장이 뛰고 있는 사실에 소스라치게 놀랐습니다. 교도관이 다시 전류를 흘려보내자 사형수의 피부와 장기가 시

토머스 에디슨이 개발한
전기의자

커멓게 타들어 가 사형장 안에는 살 타는 냄새가 진동했습니다. 결국, 사형수는 전류가 다시 흐른 지 70초 만에 까맣게 타 버렸습니다. 이 모습을 지켜보던 참관인들이 비명을 지르며 실신하거나 구토하는 바람에 사형장은 아수라장이 되었습니다.

미국은 50개 주가 모여 연합해 이루어진 나라인 만큼 각 주마다 사형을 집행하는 방식도 다릅니다. 약물 주사, 가스 질식사, 교수형, 총살형 등 다양한 종류의 사형 집행 방식이 활용되고 있습니다.

사형 집행 방식으로 찬반 논란이 계속되고 있는 미국의 사형 제도

1960년대 이후 미국 전역에서 지식인을 중심으로 사형 폐지 운동이 광범위하게 일어났습니다. 그 결과 1972년 연방 대법원은 사형 제도가 수정헌법 8조에 규정한 '잔혹하고 비상식적인 형벌 금지 규정'에 위반된다는 판결을 통해 사형제를 전면 금지하기에 이르렀습니다. 이 결정은 360년 넘도록 지속되었던 미국의 사형제를 폐지한 급진적인 판결이었습니다. 미국 사회 곳곳에서 이 판결을 두고 격렬한 논쟁이 벌어졌지만 연방 대법원의 판결을 따르지 않을 수 없었습니다.

하지만 사형제 위헌 재판 이후 사형수였다가 특별 사면을 받고 사회로 돌아간 사람이 또다시 살인을 저지르는 사례가 속출하면서 사형제 부활을 외치는 목소리가 거세졌습니다. 남부의 주와 백인 보수층을 중심으로 사형 제도 재도입을 강력히 요구하자, 1976년 연방 대법원은 기존 판결을 뒤집는 사형제 합헌 판결을 내렸습니다. 연방 대법원은 '사형 제도는 어떤 경우에도 수정헌법 8조에 어긋나지 않는다.'라는 판결문을 통해 모든 종류의 사형 제도를 인정했습니다. 이후 사형 제도가 부활했고, 사형제를 인정하는 주에서 다시 사형이 집행되었습니다.

2015년 또다시 사형제를 두고 위헌 논란이 불거졌습니다. 그동안 미국의 여러 주에서 사형 집행 방법으로 약물 주사를 활용했습니다. 약물 주사가 널리 활용된 까닭은 사형수에게 고통을 주지 않고 목숨을 끊을 수 있는 이른바 '인간적인 방법'이라고 약물 주사를 간주했기 때문입니다. 약물 주사법은 크게 3단계로 이루어집니다. 1단계 마취제를 투여하고, 2단계 신체를 마비시키는 약물을 주사하며, 마지막

3단계에는 심장을 멎게 하는 약물을 주입합니다. 사형수가 고통을 느끼지 않게 하려면 강력한 마취제가 필요하기 때문에 그동안 사형 수에게는 초강력 마취제를 사용했습니다.

그런데 사형 제도 폐지를 요구하는 사람들이 해당 마취제를 생산하는 제약사를 상대로 연일 시위를 벌여 제약사는 어쩔 수 없이 약품 생산을 중단했습니다. 강력한 마취제를 구할 수 없었던 주 정부는 일반 수술용 마취제인 미다졸람을 대체 약물로 사용했습니다. 그런데 미다졸람이 2단계에서 투입하는 신체 마비용 약물과 섞이면서 마취 효과가 줄어드는 부작용이 발생해 사고가 잇따랐습니다.

2014년 4월 사형 집행 도중 사형수의 의식이 돌아오면서 사형수가 무려 40분 동안 몸부림치다가 사망하는 사태가 발생하였습니다. 이 일로 인해 또다시 사형제 폐지론이 고개를 들었습니다. 2015년 초 오클라호마주 교도소에 수감 중이던 사형수 3명은 연방 대법원에 미다졸람의 즉각적인 사용 중지 요구와 함께 '약물 주사가 사형수의 인권을 침해한다.'라는 요지의 소송을 제기했습니다.

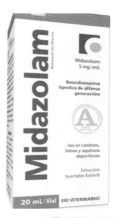
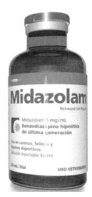

2015년 6월 연방 대법원은 '사형수에게 독극물을 사용하는 것이 수정헌법 8조에 위반되지 않는다.'라는 판결을 통해 약물 투여를 이용한 사형제를 긍정했습니

사형 집행에 무리하게 사용된 마취제 미다졸람

다. 한편, 심리 과정에서 진보 성향을 가진 대법관 2명은 '사형 선고 뒤 사형 집행일까지 오랜 기간 사형수를 두려움에 떨게 하는 것은 수정헌법 8조에 규정한 잔인한 형벌에 해당하기 때문에 위헌이다.'라는 의견을 제시해 주목을 받기도 했습니다.

인종 차별로 사형 선고를 받은 14세 소년

1944년 3월 인종 차별이 특히 심한 남부 사우스캐롤라이나주의 작은 마을 배수로에서 11살, 7살의 백인 소녀 둘이 죽은 채 발견됐습니다. 두 소녀의 모습은 무거운 둔기로 심하게 두들겨 맞아 얼굴 형체를 알아볼 수 없을 정도로 참혹했습니다. 한적하던 마을에 끔찍한 살인 사건이 발생하자 범인을 잡기 위해 경찰이 대거 투입되었습니다.

경찰이 사건 수사를 벌인 지 얼마 지나지 않아 체포된 범인은 뜻밖에도 14세 흑인 소년 조지 스티니George Stinney였습니다. 경찰은 스티니가 백인 소녀들을 살해하고 시체를 숨기기 위해 배수로에 버렸다는 결론을 내렸습니다. 하지만 사건 당시 나이가 14세에 불과하고 몸무게도 43kg밖에 나가지 않는 왜소한 체격의 스티니가 무거운 둔기를 휘둘러 두 소녀를 살해하고 사체를 배수로까지 옮겼다는 경찰의 발표는 상식에서 벗어나는 일이었습니다.

스티니는 경찰서에서 백인 수사관의 강압에 못 이겨 자신이 백인 소녀들을 죽였다고 허위로 자백했던 것입니다. 백인의 보복이 두려웠던 스티니 가족이 마을에서 야반도주하는 바람에 스티니를 곁에서

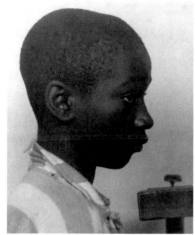

미성년자 사형의 정당성 논란을 불러일으킨 조지 스티니

돌봐 줄 사람조차 없었습니다. 정부가 지정한 백인 국선 변호인은 성의가 없었고 스티니의 무죄를 밝혀 줄 어떤 행동도 하지 않았습니다.

스티니 재판에 걸린 총 시간은 2시간 30분에 불과했습니다. 백인일색인 배심원단은 회의를 시작한 지 10여 분 만에 유죄 평결을 내렸고, 판사는 배심원단의 뜻을 받아들여 14세 소년에게 사형을 선고했습니다. 법원 판결 뒤 이틀 만에 사형 집행이 이루어져 스티니는 전기의자에서 삶을 마감했습니다.

하지만 전기의자는 성인용으로 제작되었기 때문에 체격이 왜소한 어린 스티니의 몸에 맞지 않아 사형을 집행하는 데 어려움을 겪었습니다. 스티니의 키가 너무 작았기 때문에 성경을 깔고 전기의자에 앉혔습니다. 또 손목이 너무 가늘어서 전기의자의 손목 결박대가 맞지 않았습니다. 사건이 발생하고 사형이 집행되기까지 불과 84일밖에 걸리지 않은 졸속 재판이었지만, 이런 일은 당시에 흔한 일이었습니다. 1940년대에는 18세 미만의 미성년자에 대한 사형이 두 달에 한 번 꼴로 집행되었습니다.

스티니 사건이 발생한 지 69년 만인 2013년 스티니의 유가족이 법원에 재심을 요청하면서 사람들의 기억 속에 사라졌던 일이 수면 위로 드러났습니다. 사건 재조사 결과 그동안 알려지지 않았던 많은 사실이 드러났습니다.

사건 당일 백인 소녀 2명은 자전거를 타고 스티니가 살던 흑인 마을을 지나갔습니다. 당시만 하더라도 백인 소녀가 흑인 마을을 지나는 것은 드문 일이었습니다. 7살인 여동생과 함께 소를 돌보고 있던 스티니는 백인 소녀들이 양귀비꽃이 어디에 피어 있는지 묻자 모른다고 대답한 것이 전부였습니다. 이후 스티니는 여동생과 함께 집으로 돌아왔고, 백인 소녀들이 어디로 갔는지 알지 못했습니다. 스티니는 살인 사건과 무관했지만 백인 경찰의 허위 자백 강요에 저지르지도 않은 일을 했다고 말함으로써 사형을 당한 것입니다.

스티니 유가족이 재심을 신청한 지 1년 만인 2014년 법원은 70년 전에 끝난 스티니 재판의 판결에 대해 무효를 선고했습니다. 재판부는 '당시 스티니가 재판에서 변호사의 도움을 제대로 받지 못했고, 자백 역시 경찰의 강압에 의한 것으로 판단된다.'라고 밝혔습니다. 스티니 사건에서 볼 수 있듯이 미성년자에 대한 사형은 비인도적인 측면이 강해 미국 사회에서 많은 논란을 일으켰습니다.

2005년 3월 연방 대법원은 청소년에 대한 사형이 '잔혹하고 상식을 벗어나는 처벌을 금지'라는 수정헌법 8조에 위반된다고 판결하면서 이를 금지했습니다. 이러한 연방 대법원의 판결로 사형 집행을 기다리던 청소년 사형수 72명이 목숨을 건졌습니다. 또 2002년, 지능이 보통 사람보다 현저히 낮은 정신 박약자에 대한 사형도 금지하면서 사형 대상자의 범위를 좁혔습니다.

'감옥 안의 비폭력 운동가'로 변신한 사형수 스탠리 윌리엄스

1979년 갱단 두목이었던 스탠리 윌리엄스Stanley Williams는 편의점에 침입해 일하고 있던 백인 청년에게 총을 겨누었습니다. 청년은 돈을 건네주며 목숨만은 살려 달라고 애원했지만, 그는 청년에게 총을 난사했습니다. 이 사건 외에도 윌리엄스는 대만인 가족 3명을 추가로 살해하는 만행을 저질렀습니다.

1981년 경찰에 체포된 윌리엄스는 사형 선고를 받고 샌프란시스코 인근 교도소에 수감되었습니다. 수감 생활 초기 윌리엄스는 사회에 있을 때처럼 폭력적이었습니다. 그는 다른 수감자에게 폭력을 행사해 독방에 갇혔고, 여러 차례 탈옥을 감행해 물의를 일으켰습니다. 윌리엄스의 과격한 성격은 그의 성장 과정

살인죄로 사형 선고를 받은 스탠리 윌리엄스

에서 비롯되었습니다.

1953년 흑인 빈민층에서 태어난 윌리엄스는 폭력적인 부모 밑에서 자랐습니다. 이른 나이에 범죄의 길로 들어선 그는 17세 때 로스앤젤레스 지역을 기반으로 하는 흑인 범죄 조직인 '크립스Crips'를 결성하였습니다. 힘이 장사였던 윌리엄스는 주변의 갱단을 폭력으로 평정해 범죄 왕국을 건설하던 중 사형 선고를 받게 되었습니다.

25세 나이에 사형 선고를 받은 윌리엄스는 한동안 광란의 상태를 보이다가 차츰 마음의 안정을 찾았습니다. 이후 시작한 것이 글쓰기입니다. 교도소에서 처음으로 자신이 글쓰기에 재주가 있다는 사실을 알게 된 윌리엄스는 글을 쓰면서 그동안 자신이 수없이 저지른 죄를 뉘우쳤습니다. 나아가 불우한 환경에 있는 아이들이 자신처럼 범죄의 길로 들어서지 않게 하려는 목적으로 책을 집필하기 시작했습니다. 그가 쓴 책은 출간되어 큰 호응을 얻었습니다. 이후 폭력에 반대하는 글도 쓰고 어린이를 위한 동화를 집필하기도 했습니다.

어느 틈엔가 유명 작가 반열에 오른 윌리엄스는 노벨 평화상 및 문학상 후보로 6차례나 지정되는 영광을 누렸습니다. 글쓰기를 시작한 이후 윌리엄스는 과거 흉포했던 갱단 두목과는 확연히 달라졌습니다. 윌리엄스가 더는 사회에 해를 끼치지 않는 사람으로 변하자 인권 운동가들은 그의 죗값을 사형 대신 가석방 없는 종신형으로 줄여야 한다고 주장했습니다. 연쇄 살인범에서 '감옥 안의 비폭력 운동가'로 변신한 윌리엄스를 살리기 위한 노력이 미국 전역에서 불길처럼 번졌습니다. 사형 집행일만을 초조하게 기다리던 윌리엄스 역시 자신을 도와주려는 사람이 늘어나자 삶에 대한 애착을 갖기 시작했습니다.

그러나 윌리엄스에게 살해된 백인 청년의 어머니가 나서면서 사태가 복잡해졌습니다. 살인 피해자의 어머니는 "윌리엄스는 아들이 살려 달라고 애원했음에도 불구하고 등 뒤에서 총을 두 발이나 발사했습니다. 그런 살인범이 책을 몇 권 냈다고 해서 죄가 사라지는 것은 아닙니다. 법원에서 판결한 대로 처벌해야 합니다."라고 주장했습니다. 윌리엄스의 감형을 두고 미국 사회가 논란에 빠진 사이 2005년 12월 13일 0시 1분으로 사형 집행 일자가 잡혔습니다. 윌리엄스가 사형 판결을 받은 지 24년 만의 일입니다.

그동안 세계 인권 운동가들은 8차례에 걸쳐 캘리포니아주 법원과 연방 대법원에 소송을 제기해 윌리엄스의 사형 집행을 중지하려고 노력했지만 소용없었습니다. 이에 윌리엄스를 살릴 수 있는 마지막 방법인 주지사의 특별 사면에 모든 희망을 걸었습니다. 당시 캘리포니아 주지사는 할리우드의 유명 배우 출신인 아놀드 슈왈제네거Arnold Schwarzenegger였습니다. 그는 영화배우 시절 악당을 남김없이 소탕하는 정의의 사도 역할을 하며 큰 인기를 누렸는데, 그 유명세 덕분에 캘리포니아 주지사에 당선되었습니다.

영화 속에서 악당 수백 명을 가차 없이 처리한 슈왈제네거도 실제로 사형수 문제를 다루게 되자 깊은 고민에 빠졌습니다. 사형 집행일이 며칠 앞으로 다가오자 그는 사형을 구형한 검사 측과 윌리엄스의 변호인 측을 불러 청문회를 열었습니다. 변호인 측은 윌리엄스의 무죄나 석방을 요구한 것이 아니라 오로지 가석방 없는 종신형으로 형을 낮춰 달라고 사정했습니다. 이에 맞서 검찰 측은 가해자의 인권 보호를 위한 감형은 억울하게 죽은 희생자를 무시하는 행위라고 주장했습니다. 슈왈제네거 주지사는 청문회를 통해서도 결정을 내리지 못하고 더 많은 고민을 했습니다.

캘리포니아주에서 사형수에 대한 감형 청원이 마지막으로 받아들여진 것은 1967년으로 거슬러 올라갑니다. 당시 주지사였던 로널드 레이건은 지체 장애인 사형수를 종신형으로 감형해 주었습니다. 이후 38년 동안 사형수에 대한 감형은 이루어지지 않았습니다.

슈왈제네거 주지사는 사형 집행일 하루 전날 언론 앞에서 "이 일은 사람의 목숨이 걸린 문제입니다. 주지사를 떠나 한 인간으로서 이

번 일을 결정하는 것은 매우 어려운 일이었습니다. 솔직히 저는 이 상황이 두려워 며칠 동안 잠도 제대로 잘 수 없었습니다. 사건을 자세히 검토해 본 결과 윌리엄스를 감형해 주어야 할 이유를 찾지 못했습니다."라고 말하며 감형 요청을 거부했습니다.

2005년 12월 13일 0시 1분, 윌리엄스에게 마침내 사형이

캘리포니아 주지사 시절 사형수를
종신형으로 감형해 준 로널드 레이건

영화배우 출신 주지사
아놀드 슈왈제네거

집행되었습니다. 그는 죽기 전 "죗값을 치러야 할 시간이 다가왔다. 나에 대한 찬사와 혐오, 그 모든 논란이 이 시점에서 무슨 소용이 있 겠는가?"라는 마지막 말을 남겼습니다. 모든 것을 체념한 윌리엄스 의 모습은 평온했으며 상념에 잠긴 듯했습니다. 그는 24년간 복역한 교도소에서 약물 주사로 삶을 마감했습니다.

윌리엄스 사형 집행 이후 슈왈제네거 주지사는 사형을 반대하는 사람들로부터 많은 비난을 받았습니다. 한순간에 학살자로 비춰져 정치인으로서 막대한 타격을 받았습니다. 그러나 슈왈제네거는 자신 을 비난하는 사람들을 향해 외쳤습니다.

"사형 판결을 내린 것은 내가 아니었다. 다만 권한이 있었음에도 법원의 판결을 번복하지 않았을 뿐이다. 그런데도 사람들은 마치 내 가 윌리엄스를 죽인 것처럼 생각해 괴롭다."

윌리엄스가 죽은 뒤 오랜 기간 미국 사회는 그의 사형이 정당했는지에 대해 격론을 벌였습니다. 사형을 반대하는 쪽에서는 "윌리엄스를 살려서 많은 사람을 폭력으로부터 구할 수 있게 하는 것이 한층 의미 있는 일이었다."라고 주장했습니다. 반면, 사형을 찬성하는 쪽에서는 "윌리엄스는 죽는 순간까지도 유죄를 인정하지 않았을 뿐 아니라, 유가족에게 진심 어린 사죄조차 하지 않은 냉혈한 살인마에 불과했다."라고 주장하며 사형 집행을 옹호했습니다.

사형 제도를 폐지하는 나라들

1977년에는 세계에서 사형 제도를 폐지한 나라가 16개국에 지나지 않았습니다. 하지만 2000년대 이후 110여 개국이 사형 제도를 법으로 금지하거나 관련 법규는 존재하지만 집행하지 않는 실질적 사형 폐지국이 되었습니다. 해가 갈수록 사형제를 폐지하는 국가가 늘어나면서 이제 사형제는 과거 노예 제도처럼 인류가 받아들일 수 없는 제도로 되어 가고 있습니다.

UN국제 연합은 사형 제도를 폐지하기 위해 다양한 노력을 하고 있고, 이에 많은 국가가 동참하고 있습니다. 미국 역시 사형 제도 폐지라는 시대적 흐름에 따르고 있습니다. 수도인 워싱턴 D.C.를 비롯한 20개 주가 이미 사형 제도를 폐지했습니다. 이외에도 여러 주에서 사형 제도 폐지를 추진하고 있어 시간이 흐를수록 사형제 폐지에 동참하는 주가 늘어날 전망입니다. 또 사형 집행 건수도 1999년 98건을 정점으로 줄어들고 있습니다. 다만 연방 정부와 군대는 사형 제도를 유지하고 있어서 연방법이나 군법으로 재판을 받으면 죄질에 따라 사형 선고를 받게 됩니다.

최근 들어서는 비용 문제를 들어 사형 제도를 폐지하자는 움직임이 일어나고 있습니다. 사형수는 의무적으로 상소를 해야 하는데, 이 과정에서 정부가 변호사 비용을 전액 부담해야 합니다. 사형수 입장에서는 변호사 선임 비용이 한 푼도 들지 않기 때문에 값비싼 변호사를 고용해 정부 예산이 낭비되고 있습니다.

또 사형 선고를 받더라도 실제로 집행되지 않는 경우가 많아 사형으로 죽는 사람보다 사형을 기다리다 죽는 사람이 훨씬 많습니다. 이에 캘리포니아주를 비롯한 각 주는 사형 제도를 폐지하는 대신 가석방 없는 종신형을 활용하려고 합니다. 더구나 1970년대 이후 150명

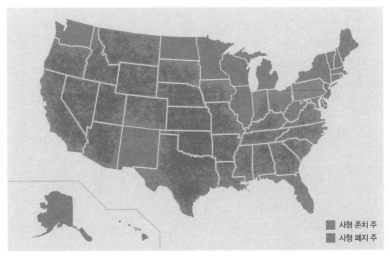

사형 존치 주
사형 폐지 주

미국의 사형 존치 주와 폐지 주

이 넘는 사형수가 무죄임이 밝혀져 석방되면서 오판 가능성에 대한 우려가 사라지지 않고 있습니다.

이처럼 여러 가지 문제점 때문에 사형 제도는 미국을 비롯해 전 세계에서 점차 자취를 감추어 가고 있습니다.

트라우마에 시달리는
사형 집행인

　사형 집행직은 사형 제도가 시작된 이후 존재하게 된 직업이다. 근대적인 교도소가 등장한 뒤에는 공무원 신분인 교도관이 법의 엄격한 절차에 따라 사형을 집행하고 있지만 이전에는 사정이 달랐다. 중세 유럽의 경우 직업적으로 사형을 집행하는 사람이 있었다. 이들은 사회의 최하층으로 차별의 대상이었다.

　사형 집행인은 반드시 붉은 망토를 걸치고 외출해야만 했다. 사람을

트라우마에 시달리는 사형 집행인

죽이는 일을 직업으로 삼았던 만큼 일반인은 길에서 사형 집행인을 만나면 얼굴조차 마주하지 않았다. 사형 집행인은 맥주를 한 잔 마시기 위해 술집에 가려고 해도 술집 주인의 허락을 얻어야만 들어갈 수 있었다. 운 좋게 술집에 들어가더라도 다른 사람의 눈에 잘 띄지 않는 후미진 곳에만 앉을 수 있었다. 이들은 시장에서도 원하는 물건을 손으로 고를 수 없어 상인의 손에 맡겨야 했다. 사형 집행인은 사형 집행 외에도 길거리의 오물을 치우고 전염병 환자를 마을에서 쫓아내는 등 온갖 궂은일을 도맡아 했다.

오늘날 사형 집행인인 교도관은 공무원 신분이기 때문에 예전처럼 차별과 무시의 대상은 아니다. 하지만 보통 사람이라면 겪지 않아도 될 고통을 감당해야 한다. 교도소에는 사형 집행을 전담하는 교도관이 따로 있는 것이 아니라, 교도관 중에서 사형 당일 아침에 임의로 지정되기 때문에 직장을 떠나지 않는 이상 누구라도 사형 집행인이 될 수 있다. 사형 당일 아침에 사형 집행인을 결정하는 것은 미리 알리면 직장을 그만두거나 사형 집행 당일에 출근하지 않을 수 있기 때문이다. 다만 신혼이거나 아내가 임신했을 때는 사형 집행에서 제외될 수 있다. 극악무도한 사형수라도 살고 싶은 본능이 있기 때문에 죽임을 당하는 사형수의 눈 속에는 살고자 하는 강렬한 눈빛이 일어난다. 어쩔 수 없이 사형수의 가련한 눈빛을 봐야 하는 교도관은 그 장면을 평생토록 잊을 수 없다고 한다. 그나마 사형이 쉽게 마무리되면 다행이지만 중간에 문제라도 생기면 교도관은 더욱 마음의 상처를 입게 된다.

2018년 미국 남부 앨라배마주의 한 교도소에서 살인범에게 약물 투여로 사형을 집행하다가 사고가 발생했다. 교도관은 평소 각종 질병으로 계속해서 정맥 주사를 맞던 사형수의 팔에서 혈관을 찾기 위해 두 시간이나 흘려보냈다. 하지만 끝내 독극물을 투여할 혈관을 찾지 못했다. 사형수와 교도관 모두 심한 스트레스를 받았고, 몇 달 뒤 다시 사형을 집행해야 했다. 사형수는 죽으면 고통이 끝나지만 사형 집행인 대부분은 사람을 죽였다는 트라우마에 시달리고, 이로 인해 직장을 그만두기도 한다. 정부는 사형 집행에 참여한 교도관의 고통을 덜어주기 위해 휴가와 함께 특별수당을 지급하지만 이 정도로 해결될 문제가 아니다.

7장

범죄율 감소에 일조하는

미국의 교도소

인권이 보장되지 않은 잔혹한 형벌의 역사

어느 사회나 범죄는 일어나게 마련이지만 범죄자에 대한 처벌은 시대와 국가마다 달랐습니다. 국왕이 절대적인 권력을 갖고 있던 고대 사회에서 범죄자에 대한 처벌은 국왕의 뜻이 그대로 반영되는 경우가 많았습니다.

기원전 18세기 고대 바빌로니아 왕조 함무라비 국왕은 현존하는

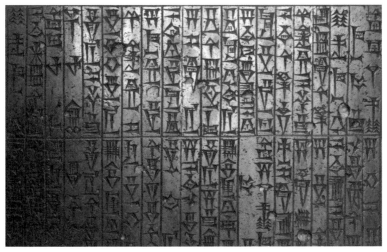

돌에 새겨진 가장 오래된 법전인 함무라비 법전

가장 오래된 법전인 '함무라비 법전'을 제정해 성문법으로 범죄자들을 다스리면서 법치주의를 실시했습니다. 함무라비 국왕은 법으로 죄인을 다스리기는 했지만, 그 내용을 보면 인권 보장이 중시되는 오늘날의 법 정신과는 거리가 멀었습니다.

법전에는 '다른 사람을 살인죄로 고발하고 사실을 입증하지 못한 자는 사형에 처한다. 다른 사람을 마술사로 고발하고 사실을 입증하지 못한 자는 사형에 처한다. 중대한 사건에 위증을 한 자는 사형에 처한다.' 등이 명시되어 있습니다. 오늘날에는 사형에 처할 수 없는 가벼운 범죄에 대해서도 무차별로 사형이 이루어졌습니다. 또한 '자유인의 눈을 상하게 한 자는 그 눈을 상하게 한다. 자유인의 뼈를 상하게 한 자는 그의 뼈를 상하게 한다.'라는 동해同害 보복*의 원칙으로 범죄자를 다스렸습니다.

정치적으로 민주 사회를 이룩했던 고대 그리스에서도 형벌이 잔혹하기는 마찬가지였습니다. 고대 그리스 역시 웬만한 범죄에 대해 사형으로 다스렸는데 사형을 집행하는 방식이 매우 잔혹했습니다. 놋쇠를 녹여 황소 모형을 만든 뒤 그 안에 사형수를 넣고 불을 지펴 열을 가했습니다. 사형 집행을 재미난 볼거리로 만들기 위해 놋쇠 황소 안에 나팔 모양의 관을 만들어 고통을 견디지 못한 사형수가 소리를 지를 때마다 마치 황소가 우는 것처럼 들리도록 설계한 것입니다. 놋쇠

---

* 피해자가 입은 피해와 같은 정도의 손해를 가해자에게 가하는 것

가 달구어지면서 안에 있는 사형수는 열기에 의해 죽어갔는데, 이 모든 과정은 그리스 사람들이 보는 앞에서 공개적으로 진행되었습니다.

고대 그리스 이후 유럽 세계를 지배한 로마 제국 또한 사형을 하나의 볼거리로 만들기는 마찬가지였습니다. 로마 제국의 위대한 건축물인 원형 경기장 콜로세움은 검투 경기뿐 아니라, 사형 집행 장소로도 활용되었습니다. 콜로세움에 모인 로마 시민 앞에서 사람을 물어뜯어 죽이도록 훈련된 사자, 표범, 치타 등 아프리카에서 데려온 맹수들이 사형수를 살해하는 방식으로 사형이 집행되었습니다. 로마 시민들에게 사형 집행 장면을 유흥거리로 더 많이 제공할수록 황제의 인기가 올라갔기 때문에 콜로세움에서 사형은 끊일 날이 없을 지경이었습니다.

사형장으로 사용된 콜로세움

연극에서도 사형수는 소품처럼 다루어졌습니다. 등장인물이 죽는 장면에서 배우와 똑같은 옷을 입힌 사형수를 무대에 올려 실제로 죽게 만들면서 연극의 사실감을 더했습니다. 이외에도 사형수를 원숭이, 개, 뱀 등 온갖 동물과 함께 자루에 넣어 바다에 던지는 방법도 성행했는데 일정 시간이 지난 뒤 자루를 열어 보면 사형수는 동물과 뒤엉킨 채 처참하게 죽어 있었습니다.

로마제국 이후 기독교 중심의 중세 사회에서도 잔혹한 형벌은 계속되었습니다. 기독교의 본질은 사랑이지만 권력을 손에 쥔 성직자들은 교회의 권위를 유지하기 위해 무고한 사람들을 죽음으로 몰아넣었습니다. 기근이 들거나 전염병이 돌아 민심이 흉흉해지면 성직자들은 민심을 달래기 위한 방편으로 종교 재판을 열어 희생양을 사

산 채로 여성을 불에 태워 죽이는 마녀사냥

형대에 세웠습니다. 교회법에는 처벌 도중에 범죄자가 피를 흘리면 안 된다는 규정이 있었기 때문에 출혈을 볼 수 없도록 화형이 널리 활용되었습니다.

성직자들은 얼굴이 너무 못생기거나 뚱뚱한 여성을 마녀로 몰아 화형대에 세우기도 했습니다. 화형장에는 살 타는 냄새가 진동했으며 어처구니없는 이유로 마녀로 몰린 사회적 약자였던 여성들은 끔찍한 죽음을 맞이해야 했습니다.

1789년 프랑스 대혁명을 시작으로 절대 왕정이 무너지고 유럽에 민주 국가가 들어선 뒤에도 유럽인들의 범죄자에 대한 처벌은 이전과 다름없이 잔혹했습니다.

사회와 격리된 범죄자의 처벌 공간, 교도소의 등장

영국에게서 독립한 아메리카 대륙의 신생 국가 미국은 1789년, 기존의 틀을 벗어던지고 새로운 형벌 시스템을 구축했습니다. 유럽에도 오래전부터 죄수를 가두는 감옥이 있었지만 이는 단지 재판이나 처벌을 받기까지 잠시 머무르는 장소였습니다. 그렇지만 미국의 교도소는 사회와 격리된 처벌의 공간으로 활용되었습니다. 이로써 자유형*이 시작되었습니다.

---

* 형을 받는 사람을 일정한 곳에 가두어 신체적 자유를 빼앗는 형벌

침묵을 강요당한 초기 미국의 교도소

초기 미국 교도소는 재소자를 교화하기 위해 죄수들에게 침묵을 강요했습니다. 독방에 갇힌 재소자는 형기를 마칠 때까지 말을 한마디도 해서는 안 되었습니다. 교도관도 신발 위에 덧신을 신어 발걸음 소리조차 내지 않으려고 했습니다. 재소자는 온종일 독방에 머물면서 교도관이 가져다주는 음식을 먹으며 형기를 마쳐야 했습니다. 시간이 지나면서 정신 이상을 겪는 재소자가 속출하자 정부는 교정 정책을 바꾸어야 했습니다. 사회적 동물인 인간은 다른 사람과 관계를 맺어야 정상적으로 살아갈 수 있습니다. 그런데 독방에서 말을 한마디도 하지 못한 채 지내다 보니 수많은 재소자가 정신병에 시달리게 되었습니다.

이후 재소자들은 독방이 아닌 여러 명이 함께하는 공간에서 생활하게 되었고 낮에는 노동을 하면서 의미 있는 시간을 보낼 수 있게되었습니다. 또 품행이 좋은 재소자를 일찍 석방하는 가석방 제도가 도입되면서 수형자의 긍정적인 변화를 끌어내기도 했습니다. 미국의 교도소는 유럽과 달리 교도관이 재소자에게 폭력을 가하지 않았기 때문에 수형자의 인권이 잘 보호되었습니다. 19세기 이후 유럽도 미국식 교도소를 받아들였습니다.

엄벌주의로 일관한 미국의 교정 정책

제2차 세계대전 이후 유럽은 인권 보호 의식이 미국보다 높아지면서 교도소 시설을 비롯해 재소자의 인권 보장 수준도 미국을 앞질렀습니다. 유럽 선진국 대부분에서는 범죄를 사회의 구조적 문제로 여겨 범죄가 발생하지 않는 여건을 마련하기 위해 노력했습니다. 이를 위해 무상 교육, 무상 의료, 실업 보험, 노령 연금 같은 복지 제도를 구축해 어떠한 상황에서도 국민이 벼랑 끝으로 내몰리지 않도록 정부가 앞장서면서 범죄율을 크게 낮추었습니다. 또한 범죄자를 사회에서 격리하기 위해 오랜 기간 구금하는 것을 최선의 방법이라고 여기지도 않습니다.

반면에 미국은 엄벌주의로 흐르면서 많은 부작용을 낳고 있습니다. 미국 사람들은 범죄로부터 사회를 보호하는 가장 좋은 방법은 범죄자를 사회에서 완전히 격리하는 것이라고 생각합니다. 따라서 미

삼진 아웃제를 도입한 빌 클린턴 대통령

국의 사법 시스템은 다른 선진국과 비교가 되지 않을 정도로 범죄인
에게 혹독한 형벌을 부과합니다.

대표적인 사례가 1994년 미국 제42대 빌 클린턴 대통령 시절 제
정된 '삼진 아웃제' 법안입니다. 삼진 아웃제란 특정 범죄로 한 사람
이 세 번 이상 유죄 판결을 받으면 무기 징역 선고를 의무화하는 것
을 말합니다. 누범자*의 경우 죽을 때까지 사회에서 격리하는 조치로,
야구에서 타자가 스트라이크를 세 번 당하여 아웃되는 '삼진 아웃'에
서 빌려 온 용어입니다. 삼진 아웃제 법안은 인권 침해 요소가 상당
히 있지만 의회에서 별다른 어려움 없이 통과되었습니다.

미국의 사법 정책이 엄벌주의로 일관하다 보니 교도소에 갇혀 있

---

* 금고 이상의 형을 받아 그 집행을 종료하거나 면제받은 뒤 3년 내에 금고 이상에 해당하는 죄를 다시 범한 사람

는 수형자가 200만 명이 넘습니다. 세계에서 미국 인구가 차지하는 비율이 5%도 안 되지만, 전 세계 수감자 1,000만 명 중 미국 교도소에 수감된 사람만 200만 명이 넘어 미국의 수감자 비율이 압도적으로 큰 비중을 차지하고 있습니다. 현재 미국 전역에 많은 교도소가 세워져 죄수를 수용하고 있지만, 처음부터 미국의 사법 정책이 엄벌주의로 기울어졌던 것은 아닙니다.

1950년대까지 미국 경제는 고도성장을 지속해 기업마다 수요를 맞출 수 없어 고민했을 정도로 풍족했습니다. 경제가 호황을 누리면서 일자리는 넘쳐났고, 누구나 열심히 일하면 중산층에 오를 수 있었습니다. 1950년대 미국의 중산층 가정이라면 푸른 잔디가 깔린 집에 살면서 자가용을 한두 대 정도 소유하며, 주말마다 여행을 가거나 바비큐 파티를 즐길 정도로 여유로운 생활을 할 수 있었습니다.

그 시기 세상에서 가장 살기 좋은 나라였던 미국의 범죄율은 상당히 낮았습니다. 길거리에 물건을 놓아두어도 집어 가는 사람이 없을 정도로 범죄와 거리가 멀었고, 저마다 자신의 꿈을 실현할 수 있는 나라였습니다. 공평한 기회가 주어지는 미국에 가면 누구나 성공할 수 있다는 '아메리칸드림'이라는 말 역시 당시의 역동적인 사회를 잘 반영하고 있습니다.

그러나 1960년대 미국이 베트남 전쟁의 늪으로 빠져들면서 이전과 다른 세상이 되어 갔습니다. 막대한 전쟁 비용을 마련하기 위해 국민에게 많은 세금을 거두어들였고 젊은이를 전쟁터로 내몰았습니다. 베트남 전쟁이 격렬해질수록 전쟁 비용과 희생자 수가 함께 치솟았고, 이에 분노한 국민은 정부에 저항하기 시작했습니다. 이에 정부는 반정부 시위자나 징집 거부자를 엄벌하면서 수감되는 사람이 늘어났습니다. 비슷한 시기에 일어난 흑인 인권 운동 때문에 수감자의 수가 큰 폭으로 증가했습니다.

베트남 전쟁의 패색이 짙어지고 흑인 인권 운동이 걷잡을 수 없이 번져 나가자 당황한 정부는 강력한 처벌을 통해 기존의 질서를 유지하려고 했습니다. 특히 백인을 중심으로 한 지배 세력은 흑인의 정치 세력화를 막기 위해 교도소를 적극 활용했습니다. 미국에서는 수감자의 선거권을 박탈하기 때문에 교도소에 수감된 흑인이 늘어날수록 흑인의 정치적 영향력은 줄어들게 되었습니다. 백인보다 교육 수준이 낮고 실업률이 높았던 흑인의 범죄율은 상대적으로 높을 수밖에 없었는데, 각종 범죄에 엄벌주의가 도입되면서 구속되는 흑인의 수가 폭발적으로 증가했습니다.

전체 인구에서 흑인이 차지하는 비중은 13%에 불과하지만 교도소 수감자의 흑인 비율은 40% 이상입니다. 특히 흑인에 대한 뿌리 깊은 차별이 만연해 있는 남부의 경우 흑인 성인 14명 중 1명이 교도소에 갇혀 있을 만큼 미국의 '대량 투옥' 사법 정책은 흑인에게 불리하게 작용하고 있습니다. 많은 흑인이 교도소에 수감되어 참정권을 행사할 수 없게 되면서 흑인에게 불리한 정책이 만들어지더라도 이를 견제하기가 쉽지 않습니다.

다른 인종에 비해 유난히 수감율이 높은 미국 흑인

　현재 미국 교도소에 갇힌 죄수 중 가장 높은 비율을 차지하고 있는 부류는 마약 사범입니다. 백인은 주로 값비싼 마약을 취급하지만 가난한 흑인은 크랙코카인Crack cocaine이라는 비교적 저렴한 마약을 다루는데, 같은 마약 범죄라도 주로 흑인이 사용하는 크랙코카인에 대한 형량이 다른 마약 범죄에 비해 최대 18배 이상 무겁습니다. 그 이유는 크랙코카인의 가격이 저렴해 누구나 중독될 수 있다는 논리에서 비롯된 것입니다. 하지만 크랙코카인 형량은 인종 차별 요소가 다분하다는 비판을 면치 못하고 있습니다.

범죄자를 이용해 돈을 버는 미국의 교도소 주식회사

　1980년대 로널드 레이건 행정부가 들어서면서 정부의 역할을 최

CORRECTIONS CORPORATION OF AMERICA

CCA 엠블럼

소화하는 신자유주의* 물결이 모든 영역에 휘몰아쳤습니다. 그동안 정부의 고유 영역이었던 교도소 운영 분야에도 영향을 미쳐 1983년 미국 최초로 민영 사설 교도소가 들어섰습니다.

사업이 번창하자 미국교정시설협회CCA라는 민간 교도소 사업체가 등장합니다. 미국교정시설협회의 등장은 민영화 천국이라 불리는 미국에서도 큰 논란을 불러일으켰습니다. 국방과 더불어 교도소 운영은 전적으로 국가의 몫이라는 생각이 지배적이었기 때문입니다.

20세기 이전까지만 하더라도 오늘날의 교도소는 '형무소'라 불리며 죄인을 일정 기간 가두어 고통을 주는 공간이었습니다. 그러나 20세기에 들어서면서 등장한 교도소는 죄인에게 고통을 주는 공간이 아니라, 출소 뒤 새로운 삶을 살 수 있도록 도와주는 교육적인 측면이 강화된 기관으로 재편되었습니다. 선진국들은 기존의 감금 위주인 형무소를 폐쇄하고 인간 친화적인 교도소 건물을 새로 짓기 시작했습니다.

신개념 교도소의 대표적인 사례가 스웨덴의 솔렌투나Sollentuna 교도소입니다. 이 교도소는 높은 담에 둘러싸인 삭막한 공간이 아니라,

---

* 20세기 이후 다시 정부의 시장 개입을 지양하고 자유로운 경쟁 체제를 강화하려는 사상

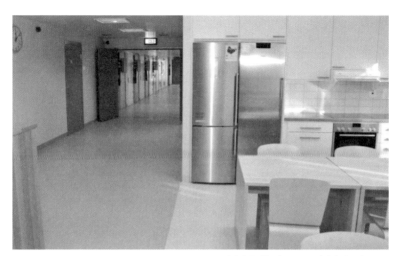

최적의 환경을 제공하는 스웨덴 솔렌투나 교도소

쇠창살은 전혀 없고 벽도 거의 없는 개방적인 공간입니다. 이곳은 저녁 8시부터 오전 8시까지만 문을 닫고 그 외 시간에는 문을 열어 두는 것을 원칙으로 합니다. 교도관의 경비 태세가 삼엄하지 않기 때문에 죄수는 마음만 먹으면 언제든지 열린 문으로 걸어가 탈옥할 수 있지만 실제로 탈옥하는 경우는 거의 없습니다. 교도소 생활이 탈옥해야 할 정도로 고달프지 않기 때문입니다.

솔렌투나 교도소에서 수감자는 굳이 죄수복을 입을 필요가 없고 바리스타 기술, 제빵, 요리 등 생계유지를 위해 필요한 기술을 무료로 배울 수 있습니다. 더구나 수형자는 호텔 방처럼 침대, TV, 오디오 세트가 잘 갖추어진 안락한 공간에서 생활합니다. 교도소 내에서 일할 경우 근무 시간에 따라 임금을 받는데, 열심히 일한다면 적지 않은 돈을 모을 수 있습니다. 수형자들은 수감 기간에 직업 훈련을 통해 사회에서 살아남을 수 있는 기술을 익히고, 노동으로 번 돈을 밑천 삼아 재기를 시도할 수 있습니다. 이와 같이 스웨덴의 교도소는 수형자가 여유를 가지고 출소 뒤의 새로운 삶을 준비하는 공간이지 가혹한 처벌을 받는 장소가 아닙니다.

스웨덴뿐만 아니라 덴마크, 노르웨이, 핀란드 등 북유럽 복지 국가의 수형자에 대한 교정 정책은 철저히 수형자의 재활에 초점이 맞춰져 있습니다. 만약 범죄의 대부분이 범죄자의 타고난 사악한 성품에 의해 저질러진다면 가능한 오랫동안 사회로부터 범죄자를 격리해야 사회가 안전해질 수 있습니다. 그러나 범죄자의 불우한 성장 과정이나 현재 직면해 있는 생활고 때문에 범죄가 발생하는 것이라면 이는 환경의 영향입니다.

유럽은 기본적으로 범죄를 환경의 산물이라고 생각해 환경을 바꿔주려고 노력하는 반면 미국은 범죄의 발생을 범죄자의 인성 문제라고 생각합니다. 따라서 미국의 감옥은 죄에 대한 처벌을 받는 형무소의 개념이 여전히 강하게 남아 있습니다. 게다가 1980년대부터 교도소가 빠르게 민영화되어 민간 기업의 영리 추구를 위한 장으로 바뀌면서 수형자의 생활 환경은 더욱 나빠졌습니다.

정부가 운영하는 교도소의 직원은 공무원 신분으로 안정된 생활을 할 수 있고, 정부 보조금 덕분에 수형자를 위한 재활 프로그램을 운영할 수 있습니다. 그러나 이익만을 추구하는 사기업이 교도소 운영권을 차지하자 '교정 행정 개혁'이라는 명목 아래 무차별적인 비용

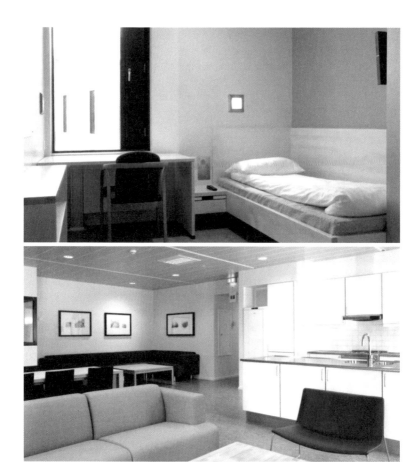

수형자의 재활에 초점을 맞춘 노르웨이 할덴 펭셀 교도소

절감에 나섰습니다. 교도소의 직원은 공무원에서 임시 계약직으로 바뀌었고, 이마저도 수를 대폭 줄여 경비 인력만 최소한으로 남겨 두었습니다. 새로 짓는 민영 교도소 건물은 효율성만을 추구해 기존 교도소보다 비좁고 환경이 열악합니다.

정부는 민영 교도소에 수형자 1인당 2만 5,000달러 이상의 보조금

미국에 등장한 민영 교도소

을 지급하며, 수형자의 노동력을 활용할 수 있는 권한도 주었습니다. 이에 따라 민영 교도소는 수형자가 많을수록 이익이 커지는 구조가 되었고, 수형자에 대한 처우는 이전보다 나빠졌습니다. 민영 교도소 는 특별 수당을 지급해야 하는 야간 근무 교도관을 인건비 절약 차원 에서 대폭 줄였고, 환자들에게 제공하는 의료 서비스를 줄였습니다. 이와 동시에 수형자에게 제공하는 음식의 질도 낮추어 비용을 절감 하고 이윤을 늘려 갔습니다.

미국교정협회는 해마다 이윤을 수억 달러 남기는 우량한 기업으 로 성장해 뉴욕증권거래소에 상장*될 정도로 큰 성공을 거두었습니 다. 그러자 이 모습을 지켜본 기업들은 앞다투어 교도소 사업에 뛰어

---

* 증권거래소에서 주권을 매매할 수 있도록 인정하는 것

들었습니다. 1990년대에 들어서면서 교도소 민영화 작업은 속도를 더해 연방 정부와 주 정부가 운영하던 교도소가 줄줄이 문을 닫고 그 기능을 사기업에 넘겼습니다.

교육과 재기의 기회를 주기 위한 교정 정책의 변화

1960년대 이후 미국 사람들은 대량 투옥 정책이 범죄로부터 사회를 지키는 가장 좋은 방법이라고 믿었습니다. 이로 인해 1960년대 30만 명에 불과하던 수감자 수는 2000년대 들어 200만 명을 넘어섰고, 죄수를 먹여 살리기 위해 한 해 400억 달러에 이르는 막대한 세금을 써야 했습니다. 게다가 민영 교도소 사업은 나날이 번창해 현재 160개 이상의 교도소를 민간 자본이 운영하고 있습니다.

2009년 버락 오바마 대통령이 집권하면서 그동안 굳건하게 유지되어 온 대량 투옥 정책에 변화가 생기기 시작했습니다. 인권 문제에 관심이 많았던 오바마 대통령은 미국의 잘못된 사법 정책을 개혁하는 일에 앞장섰습니다.

미국에 많은 수형자가 있는 가장 큰 원인은 마약 사범을 엄히 다루기 때문입니다. 미국 법률은 마약의 제조나 유통뿐 아니라 단순히 소지하는 행위까지도 엄벌의 대상으로 취급해 마약에 관련된 사람은 모두 교도소에 갇히게 됩니다. 반면에 유럽은 마약 사범을 범죄자가 아닌 치료가 필요한 환자로 여겨 교도소 대신 요양 보호 시설에서 치료하는 정책을 시행하고 있습니다. 따라서 유럽에서는 중범죄를 저지르지 않는 이상 감옥에 가는 일이 거의 없어 문을 닫는 교도소가 속출하고 있습니다.

마약 사범에 대한 엄벌주의로 미국 교도소에 재소자로 넘쳐 난다는 사실을 알게 된 오바마는 이를 바로잡으려고 했습니다. 우선 흑인에게 불리한 크랙코카인에 대한 과도한 처벌 규정을 대폭 완화해 부당하게 오랫동안 감옥에 수감되는 일이 없도록 했습니다.

2015년 7월 오바마는 미국 대통령 역사상 처음으로 오클라호마주의 엘리노El Reno 연방 교도소를 직접 방문해 교도소 내부를 꼼꼼히 살펴보고 수감자의 고통을 들었습니다. 그가 수감자의 불편 사항을 경청한 말 중에서 가장 충격적인 것은 독방에 관한 이야기였습니다.

인간은 사회적 동물로서 혼자 살 수 없는 존재이지만 독방에 갇히는 순간 모든 것에서 차단됩니다. 독방에 갇혀 있는 동안에는 면회가

재소자의 고충을 듣는 버락 오바마 대통령

금지되고 작업에서 배제되며 모든 교화 프로그램에도 참여할 수 없기 때문에 혼자 좁은 감방 안에서 온종일 멍하니 있어야 합니다. 독방 수감자는 며칠만 지나면 사람이 그리워지고 시간이 더 지나면 우울증, 환청과 환각, 분노 조절 장애, 심하면 자해 충동까지 느끼게 됩니다. 이처럼 독방 수감은 한 인간의 몸과 마음을 황폐하게 만들기 때문에 유럽에서는 살인범 등 중범죄를 저지른 죄수만 독방에 가둡니다.

오바마는 수감자의 고충을 덜기 위해 독방 수감을 엄격히 제한한다는 행정 명령을 내렸습니다. 이후 독방 수감자 수가 대폭 줄어들었습니다. 오바마는 교도소를 함께 방문한 기자들 앞에서 "현재 수감자의 절반가량은 폭력과 무관한 마약 사범입니다. 저도 젊은 시절 코카인에 손댔지만 운 좋게도 발각되지 않아 교도소행을 면할 수 있었

교도소를 살피는 버락 오바마 대통령

습니다. 우리 사회를 안전하게 만드는 가장 좋은 방법은 많은 사람을 구금하는 것이 아니라 시민에게 평등한 기회를 주는 것입니다. 그러기 위해 죗값을 치르고 나온 사람에게는 교육을 받고 직업을 가질 기회를 주어야 합니다."라고 말했습니다. 오바마의 사법 정책 개혁에 관한 진솔한 외침은 국민에게 깊은 울림을 주었습니다. 하지만 막상 실천으로 옮기는 데는 많은 장애물이 있었습니다.

뇌물을 주고 수감자를 늘린 민영 교도소의 폐단

2000년대 들어 민영 교도소 업계는 미국 전역에 160여 개에 이르는 교도소를 세웠습니다. 이내 민영 교도소에 수감된 사람이 미국 전체 수감자의 10% 이상을 차지할 정도로 성장했습니다. 해마다 교도소가 손쉽게 수억 달러의 수익을 올리는 사업으로 각광받으면서 이권을 지키기 위한 노력도 치열하게 전개되고 있습니다. 우선 미국교정시설협회와 같은 민영 업체는 해마다 국회의원에게 막대한 금액을 후원금으로 제공해 더 많은 민영 교도소를 설립하여 더 많은 죄수를 확보하기 위해 로비 활동을 벌입니다.

민영 교도소 기업은 일반 기업과 달리 신규 수요를 창출하기가 어렵습니다. 일반 기업은 제품을 판매하기 위해 광고와 영업 활동을 하면 되지만 교도소는 수감자를 늘리기 위해 광고를 할 수는 없습니다.

민영 교도소 기업은 수감자를 확보하기 위해 온갖 부정한 방법을 동원하다가 발각되어 지탄을 받았습니다. 2006년 펜실베이니아주

루전 카운티_{Luzerne County}에서 근무하던 현직 판사 2명이 구속되는 일이 벌어졌습니다. 이들은 무차별적 대량 구속을 통해 민영 교도소의 수감자 수를 대폭 늘려 주는 대가로 지역 소재 민영 교도소 업체로부터 200만 달러가 넘는 뇌물을 받은 혐의로 구속되었습니다. 이들은 청소년 범죄를 담당했는데 수감자를 늘리기 위해 말도 되지 않는 판결을 남발하다가 결국 꼬리가 잡혔습니다. 어떤 학생은 교장을 비난하는 글을 인터넷에 올렸다는 이유로 구속되었고, 어떤 청소년은 사람이 타고 있지 않은 자동차에서 동전을 몇 개 훔쳤다고 청소년 교도소에 보내지기도 했습니다.

지역 언론은 오래전부터 부당한 처벌을 남발하는 두 판사를 비난했습니다. 민영 교도소 업체와 벌인 유착 관계가 드러나면서 두 판사는 판사에서 수감자 신세로 전락했습니다. 그들이 교도소로 보낸 청소년 수천 명 중 많은 수는 민영 교도소 업체의 이익 증가를 위해 희생된 피해자였습니다.

민영 교도소의 등장으로 불거진 문제는 이뿐이 아니었습니다. 민영 교도소 업체는 수감자를 늘리기 위해 돈을 주고 정부가 운영하는 교도소에서 수감 중인 죄수를 데려오기도 했습니다.

이러한 문제들은 교도소 민영화를 시작할 때부터 충분히 예상되었습니다. 오로지 이윤 추구가 목적인 기업이 교도소 사업을 하면서 수감자를 배려할 리가 없었기 때문입니다.

실제로 민영 교도소에서는 수감자 간의 폭력 행위 방치, 무분별한 독방 감금, 교도소 직원이 하는 수감자에 대한 과도한 물리력 행사,

미시시피주 윌킨슨 카운티의
민영 교도소에서 일어난
폭동(위) 및 재소자에게서
압수한 흉기

부실한 식단 등 열악한 처우로 수감자가 폭동을 일으키는 사태가 자
주 일어납니다.

 정부가 사법 개혁을 통해 교도소로 보내는 범죄자의 수를 줄이면
민영 교도소는 곧바로 타격을 입게 됩니다. 이 때문에 민영 교도소
관계자는 수단과 방법을 가리지 않고 현재의 시스템을 유지하려고
활발히 로비 활동을 합니다. 더욱이 민영 교도소 업체는 국내 사업에
만족하지 않고 해외 진출에 적극 나서 영국과 오스트레일리아에 민
영 교도소를 세웠습니다.

그러나 민영 교도소의 앞날은 밝지 않습니다. 1991년을 정점으로 미국 내 범죄 발생률이 지속해서 하락해 20년 만에 절반가량으로 줄었습니다. 미국 경제가 경쟁력을 회복해 일자리가 늘어나고 인구 고령화 현상으로 젊은이 수가 줄어들면서 범죄율은 해마다 낮아지고 있습니다.

예전과는 비교할 수 없을 정도로 미국 사회가 안전해지면서 국민도 더는 대량 투옥이라는 극단적인 정책을 선호하지 않습니다. 게다가 해마다 출소하는 수감자 60만 명 중 40만 명 이상이 다시 범죄를 저지르는 것으로 드러나 인신 구속*이 재범 방지에 그다지 효과가 없다는 사실이 드러났습니다.

일단 교도소에 수감될 경우 전과자라는 낙인이 찍혀 지역 사회에 재진입하는 데 커다란 걸림돌이 됩니다. 또 수감된 범죄자가 죄를 뉘우치기는커녕 동료에게서 새로운 범행 수법을 익히는 등 교도소는 '범죄 학교'라는 오명을 지닐 정도로 많은 문제를 안고 있습니다. 삼진 아웃법을 통과시켜 대량 투옥의 길을 연 빌 클린턴 전 대통령은 2015년 자신의 실수를 인정하면서 "장기적으로 볼 때 대량 구속은 바람직하지 않다."라는 말로 사법 개혁의 필요성을 역설했습니다.

---

* 사람의 신체를 제한하거나 속박하는 일

교도소 내에서 자행되는 노동력 착취와 인권 침해

미국 사람들은 세계 모든 민족이 모여 사는 미국이 제대로 유지되려면 엄격한 법질서가 꼭 필요하다고 생각합니다. 이에 다른 나라에 비해 엄격한 법치 제도를 마련했고 수형자에 대한 처우 역시 처벌 위주였습니다. 그런 까닭에 수형자의 인권이 유럽 교도소에 비해 잘 보장되지 않습니다. 게다가 정부가 교도소를 민영화하면서 교도소 운영을 기업의 돈벌이 수단으로 만들어 주었습니다. 문제는 민영 교도소뿐만 아니라 연방 정부와 주 정부가 운영하는 교도소조차 지나치게 돈을 버는 데만 치중해 광범위한 인권 침해가 발생하고 있다는 점입니다.

노동이 부과되는 징역형을 받으면 민영 교도소를 가든지 국영 교도소를 가든지 누구나 노동을 해야 합니다. 미국의 교도소는 직업 훈련을 통한 수형자의 사회 복귀보다는 수형자의 노동력을 이용해 돈을 버는 일에 더 관심이 있습니다. 예전과 달리 요즘의 국영 교도소는 재화와 서비스가 대부분 유료로 전환되고 있습니다. 방값, 식사비, 도서관 이용료, 두루마리 휴지, 치약, 칫솔 등 예전에는 무료로 제공되었던 것이 유료화되면서 교도소에서도 부지런히 일하지 않으면 빚더미에 앉게 됩니다.

교도소에서 판매하는 물건은 시중보다 훨씬 비싸지만 시간당 임금은 법정 최저 임금 근처에도 미치지 못할 정도로 낮아서 수형자들이 고통을 겪고 있습니다. 교도소에 따라 지급하는 임금이 조금씩 다

돈벌이 노동에 동원된 죄수들

르지만 거의 대부분의 교도소에서는 시간당 몇십 센트만을 지급합니다. 이는 아프리카의 극빈 국가 수준으로 선진국에서는 상상할 수 없을 정도로 낮은 임금입니다. 이로 인해 치약 하나를 사려면 평균 50시간 이상 일해야 할 정도로 노동력 착취가 공공연히 이뤄지고 있습니다. 이와 같은 일이 계속되자 미국 내 수많은 인권 단체는 수형자에 대한 처우를 개선하라는 목소리를 내고 있습니다.

미국은 정기적으로 각국의 인권 상황을 조사해 국민의 인권을 제대로 보장하지 않는 나라를 상대로 강력한 제재를 가합니다. 그러나 정작 미국 내 교도소에서 일어나고 있는 심각한 노동력 착취 문제는 수수방관하고 있어서 인권 단체의 강력한 비판을 받고 있습니다. 미국 내 수형자의 80% 이상이 극심한 생활고를 견디다 못해 범죄를 저지른 생계형 범죄자임을 고려할 때 지금까지 계속되어 온 엄벌주의 정책은 범죄율을 낮추는 데 도움이 되지 않는다는 의견이 많습니다.

그렇지만 교도소가 하나의 이권 사업으로 자리 잡고, 흑인이나 히스패닉 같은 유색 인종을 사회에서 격리하는 공간으로 활용하는 한 미국의 엄벌주의 정책이 바뀔 확률은 그다지 높아 보이지 않습니다.

★

돈이 없으면 교도소를
가야 하는 나라

사람의 생명을 해치거나 크게 다치게 하는 등 중범죄를 저지르는 경우 교도소에 갇히는 것은 당연하다. 반면에 집 앞 잔디를 깎지 않거나 눈을 치우지 않는 등 경범죄를 저지르면 벌금형으로 대신한다. 오늘날 선진국 대부분에서는 가벼운 범죄를 저지른 사람이 벌금을 내지 않았다고 구속되는 일은 드물지만 미국은 예외다. 아직도 미국의 일부 주에서는 벌금을 내지 못하면 교도소에 구속되는 법이 실행되고 있다. 실제로 미주리주에

유럽에 비해 환경이 열악한 미국 교도소

민영 회사 소속의 보호 관찰 직원들

사는 한 사람은 허리를 다쳐 잔디를 깎지 못해 벌금형을 선고받았다. 그
는 정부에서 주는 보조금으로 생활하던 극빈자였다. 먹고살기도 힘든 극
빈자였던 그에게 벌금 수백 달러가 부과되었고, 돈이 없어 벌금을 낼 수
없었던 그는 결국 구속되었다.

경범죄자가 구속될 경우 다니던 직장을 잃게 되고, 그로 인해 더욱 가
난해지고 이는 범죄를 유발해 다시 구속되는 악순환이 된다.

가벼운 범죄를 저지를 경우 교도소 대신 집에 머물며 당국의 감시를
받는 보호 관찰형을 선고받는 경우도 많은데 이 역시 적지 않은 문제를
일으키고 있다. 대부분 국가에서는 담당 공무원이 범죄자를 감시하지만,
미국은 정부가 일손을 덜기 위해 민간 기업에 보호 관찰 업무를 위탁한
다. 이때 보호 관찰 회사에 보호 관찰을 받는 사람이 비용을 내야 하는데,
그 비용이 만만치 않아 고통을 당하는 경우가 많다.

교도소에 갇히는 것보다 사회에 머물면서 보호 관찰을 받는 것이 유리

하기 때문에 위탁 회사가 요구하는 돈을 낼 수밖에 없다. 회사는 이 점을 악용해 지나친 비용을 청구하는 사례가 비일비재하다.

일부 대형 민영 보호 관찰 회사는 매년 수익을 수천만 달러나 올리는 알짜 기업으로 성장하기도 했다. 교도소에 수감된 중범죄자보다 보호 관찰형을 받은 경범죄자의 부담이 더 커지게 되자 제도를 개선해야 한다는 목소리가 끊임없이 나오고 있다. 하지만 이는 좀처럼 바뀌지 않고 있다. 민영 교도소에 이어 민영 보호 관찰까지 미국은 다른 나라에서는 정부가 담당하는 공적 영역까지도 이윤을 최우선 가치로 여기는 민간 기업이 담당하면서 많은 문제가 발생하고 있다.

세계를 통찰하는 지식과 교양 〈**세계통찰**〉 시리즈

미국

세계통찰 미국 ⑨

세계의 중심이 된 미국 3
미국의 문화
자유와 평등한 삶을 추구하는 미국의 사회 제도

2021년 1월 1일 1판 1쇄 발행

지은이	한솔교육연구모임
펴낸이	권미화
편집	한솔교육연구모임
디자인	김규림
마케팅	조민호
펴낸곳	솔과나무
출판등록	2018년 12월 20일 제2018
주소	서울시 마포구 독막로 266, 111-901
팩스	02-6442-8473
블로그	http://blog.naver.com/solandnamu
트위터	@solandnamu
메일	hsol0109@gmail.com

ISBN	979-11-90953-07-8 44300
	979-11-967534-0-5 (세트)

© 2021 솔과나무

• 잘못 만들어진 책은 구입하신 곳에서 바꾸어 드립니다.
• 문의 사항이나 수정 의견은 이메일 확인 뒤 답신드리겠습니다.
• 이 책은 저작권법에 따라 보호받는 저작물이므로 무단 전재와 무단 복제를 금합니다.
• 이 책의 내용을 사용하려면 반드시 저작권자와 솔과나무의 서면 동의를 받아야 합니다.

───────────────────────────────────

• 이 책에 쓴 사진은 해당 사진을 보유하고 있는 단체와 저작권자의 허락을 받아 게재한 것입니다.
• 저작권자를 찾지 못하여 게재 허락을 받지 못한 사진은 저작권자를 확인하는 대로 게재 허락을 받고 통상 기준에 따라 사용료를 지불하겠습니다.